R 5,95

Martin Luther
Dein Wort ist meines Herzens Freude

Martin Luther

Dein Wort ist meines Herzens Freude

Trost aus den Psalmen

Herausgegeben von
Theodor Brandt

R. Brockhaus Verlag Wuppertal

R. Brockhaus Taschenbuch Bd. 323

Die Texte wurden mit freundlicher Genehmigung des Herausgebers
und des Verlages entnommen aus:
D. Martin Luthers Psalmen-Auslegung.
Herausgegeben von Erwin Mülhaupt. Band 1–3.
Vandenhoeck & Ruprecht, Göttingen 1959, 1962, 1965

1. Taschenbuchausgabe 1982

Umschlaggestaltung: Carsten Buschke, Solingen
Gesamtherstellung: Breklumer Druckerei Manfred Siegel

ISBN 3-417-20323-6

Vorwort

Theodor Brandt hat mit den Psalmen gelebt. Oft erzählte er, wie er als Sextaner begeistert im Schulchor den 103. Psalm zu einer Festlichkeit mitgesungen hat. Wahrscheinlich vom Rhythmus bedingt war für den Zehnjährigen dabei der Höhepunkt die Stelle: ». . . und du wieder jung wirst wie ein Adler.« Schwerlich wußte der Zehnjährige, was er damals sang. Noch als 80jähriger sang er mir diese Stelle vor. Aber nun hatte sie inzwischen sein ganzes Leben geprägt. Nicht idealistisch sich »ewige Jugend schwörend«, sondern im Sinn des Evangeliums Jesu Christi, dessen Tat ja schon in diesem Psalm verborgen liegt: ». . . der dir alle deine Sünden vergibt und heilet alle deine Gebrechen.« Psalm 103 hat sich an ihm bewährt: Leben aus der Vergebung allein macht neu, heil und im Innersten jung. Darum konnte er täglich singen und beten: »Lobe den Herrn, meine Seele, und vergiß nicht, was er dir Gutes getan hat.« Dadurch machte jede Begegnung mit ihm auch andere froh, darum blieb seine Verkündigung quellfrisch.

Als er 1918 als fast Verbluteter auf dem Schlachtfeld lag – die Engländer stürmten bereits über den vermeintlich Toten hinweg – da hat ihm Gottes Engel laut vernehmbar zugerufen: »Ich werde nicht sterben, sondern leben und des Herrn Werke verkündigen«. »Ich habe mir das nicht selbst gesagt«, schrieb er später nieder. Es war das Wort aus Luthers geliebtem Psalm 118,17.

In der Kraft dieses Wortes kroch er mit letzter Anstrengung bis in die eigenen Stellungen zurück und konnte im Lazarett geheilt werden – für den verheißenen Dienst der Verkündigung durch viele Jahrzehnte hindurch. Wenn sich dann im vielbewegten Dienst Hindernisse vor ihm auftürmten, ließ er sich mitreißen durch Psalm 18,30: »Mit meinem Gott kann ich über die Mauern springen« hin zu der Erfahrung: »Du stellst meine Füße auf weiten Raum«, Psalm 31,9. Jede Enge war ihm unerträglich. Aus der Überfülle der Dienste aber gab es die ständige Einkehr zu Psalm 62,2: »Meine Seele ist stille zu Gott, der mir hilft.«

Den von Luther geprägten Theologen zog es von jeher zu Luthers Vorlesungen über die Psalmen und dessen Psalmenauslegungen.

In ihnen hatte Luther ja in tiefster Not und Verzweiflung um das Wort von der Gerechtigkeit Gottes gerungen. An Psalm 31,2 tat sich ihm der Abgrund des heiligen Gottesgerichtes auf: ». . . errette mich durch deine Gerechtigkeit«. Von diesem Wort aus aber wurde ihm das Wesen der Gerechtigkeit Gottes im Neuen Testament erschlossen: »Der Gerechte wird aus Glauben leben« (Röm. 1,17). Das Geschenk der befreienden Gerechtigkeit Gottes, der freien Gnade, wurde auch Theodor Brandts biblisch-theologischer Grundansatz und machte ihn an der befreienden Botschaft von Luthers Psalmenauslegung froh. So lag ihm daran, an diesen Schätzen der Gemeinde Anteil zu geben. Er gab das mehrfach aufgelegte »Lutherwort zum Psalter« heraus (1930). »Wir sehnen uns heute nach wirklich kräftiger Speise, denn wir sind der erbaulichen Gedanken merklich müde«, schreibt er im ersten Vorwort. Mit Staunen erkannte er bei der Arbeit, wie christozentrisch Luthers Auslegung ist, wie also die Psalmen das Alte und Neue Testament zusammenbinden. »Es ist mein bestes Buch, weil es nicht von mir geschrieben ist«, pflegte er zu sagen.

Als mein Mann zu seinem 50. Geburtstag glücklicher Besitzer der Weimarer Ausgabe wurde, wurde sie seine ständige Lektüre durch 40 Jahre hindurch, angefangen im Krieg, wo er einen Band nach dem anderen in seinem Rucksack mit in seine Reservestellungen nahm. Später entstanden die Bücher »Luthers Seelsorge in seinen Briefen« und »Luther als Seelsorger«.

Im Blick auf das »Lutherwort zum Psalter« stellten sich Mängel im Verhältnis zu den Quellen heraus, da die Weimarer Ausgabe damals für ihn noch nicht ständig zur Hand war.

So setzte er sich mit über 80 Jahren noch einmal daran, Luthers Auslegung der Psalmen für die Gemeinde in entsprechender Auswahl neu zu bearbeiten.

Von Herzen hat er dabei Herrn Professor D. Erwin Mülhaupt gedankt, der ihm den deutschen Text seiner dreibändigen Ausgabe von *Luthers Psalmen-Auslegung* zur Verfügung stellte und ebenfalls um der Gemeinde willen eine baldige Herausgabe erhoffte. Diese verzögerte sich dann aus mancherlei Gründen.

Auch wenn die letzte Durchsicht des Manuskriptes meinem im Juli

1981 heimgegangenen Mann nicht mehr selbst möglich war, ist die Veröffentlichung ganz in seinem Sinn, um der Gemeinde Anteil zu geben an der Kraft und Tiefe von Luthers Auslegung und ihr bei viel verschwommener Religiosität auch im Bereich der Kirche zum einzig tragenden Grundansatz zu verhelfen: Errettung durch die Gerechtigkeit Gottes durch Jesus Christus allein.

Käte Brandt

Aus Luthers Vorrede zum Psalter 1528/1545

Gleichwie ich gar viel lieber einen Heiligen reden hören als seine Werke sehen wollte, so wollte ich noch viel lieber sein Herz und den Schatz seiner Seele sehen als sein Wort hören. Das aber gibt uns der Psalter auf das allerreichlichste an den Heiligen, so daß wir gewiß sein können, wie ihr Herz gestanden hat und ihre Worte gelautet haben gegen Gott und jedermann. Denn ein menschlich Herz ist wie ein Schiff auf einem wilden Meer, welches die Sturmwinde von den vier Orten der Welt treiben. Hier stößt her Furcht und Sorge vor zukünftigem Unfall, dort fährt Grämen her und Traurigkeit von gegenwärtigem Übel, hier weht Hoffnung und Vermessenheit von zukünftigem Glück, dort bläst her Sicherheit und Freude in gegenwärtigen Gütern. Solche Sturmwinde aber lehren mit Ernst reden und das Herz öffnen und den Grund herausschütten. Denn wer in Furcht und Not steckt, redet viel anders vom Unfall, als wer in Freuden schwebt. Und wer in Freuden schwebt, redet und singt viel anders von Freuden, als wer in Furcht steckt. Es geht nicht von Herzen, spricht man, wenn ein Trauriger lachen oder ein Fröhlicher weinen soll, d.h. seines Herzens Grund steht nicht offen und ist nicht herausgeschüttet. Was ist aber das meiste im Psalter, als solch ernstlich Reden in allerlei solchen Sturmwinden? Wo findet man feinere Worte von Freuden, als die Lobpsalmen oder Dankpsalmen haben? Da siehst du allen Heiligen ins Herz wie in schöne lustige Gärten, ja wie in den Himmel, wie feine, herzliche, lustige Blumen darinnen aufgehen von allerlei schönen, fröhlichen Gedanken gegen Gott um seiner Wohltat willen. Wiederum, wo findest du tiefere, kläglichere, jämmerlichere Worte von Traurigkeit, als die Klagpsalmen haben? Da siehst du abermals allen Heiligen ins Herz wie in den Tod, ja wie in die Hölle. Wie finster und dunkel ist's da von allerlei betrübtem Anblick des Zornes Gottes. *WADB 101, 101f*

Zu den Psalmen

Es ist zu merken, daß der ganze Psalter von fünferlei handelt. Darum teilen wir ihn in fünf Teile.
Erstlich: Etliche Psalmen *weissagen*, nämlich von Christus und der Kirche oder den Heiligen, wie es ihnen gehen soll. Hier herein gehören alle Psalmen, darin Verheißungen an die Frommen und Drohungen über die Gottlosen sind.
Zum andern sind etliche *Lehrpsalmen*, die lehren uns, was wir tun und lassen sollen nach dem Gesetz Gottes. Hierher gehören alle Psalmen, die Menschenlehre verdammen und Gottes Wort preisen.
Zum dritten sind etliche *Trostpsalmen*, welche die betrübten und leidenden Heiligen stärken und trösten, die Tyrannen aber schelten und schrecken. Hierher gehören alle Psalmen, die da trösten, vermahnen, zur Geduld reizen und die Tyrannen schelten.
Zum vierten sind etliche *Betpsalmen*, darin man Gott anruft und bittet in allerlei Not. Hierher gehören alle Psalmen, die da klagen und trauern und über die Feinde schreien.
Zum fünften sind etliche *Dankpsalmen*, darin man Gott lobt und preist für allerlei Wohltaten und Hilfe. Dahin gehören alle Psalmen, die Gott loben in seinen Werken. Dies sind die vornehmsten, und um dieser willen ist der Psalter gemacht. Darum heißt er im Hebräischen auch »Sepher tehillim«, d.h. ein Lobebuch oder Dankbuch. *WA 38,17 (1531)*

Der seine Frucht bringt zu seiner Zeit.

O wie ein golden lieblich Wort ist das! Damit wird die Freiheit der christlichen Gerechtigkeit bestätigt. Die Gottlosen haben ihre gewissen Tage, ihre gesetzten Zeiten, ihre geordneten Werke und erlesene gewisse Stätte, an welche sie so hart gebunden sind, daß sie sich nicht davon reißen ließen, ob auch ihr Nächster Hungers sterben sollte. Aber dieser selige Mann ist frei und willig zu aller Zeit, zu allem Werk, an aller Stätte, gegen jede Person, wie sichs schickt und was sich für ein Fall begibt, dient er dir, und was ihm vor die Hand kommt, tut er. Er ist nichts Sonderliches und will es auch nicht sein, sondern er bringt seine Frucht zu seiner Zeit, beide, gegen Gott, so oft es die Zeit erfordert, und gegen Menschen, so oft sie seines Fleißes und Mühe bedürfen. Darum hat auch seine Frucht keinen Namen, auch hat seine Zeit keinen Namen, so hat er auch keinen Namen, so werden seine Wasserbäche auch nicht benannt, so dient er auch nicht einem allein, noch zu einer Zeit, noch an sonderlicher Stätte oder mit einerlei Werk, sondern dient allen, überall und in allem, und ist wahrhaftig ein Mensch, der alle Stunden willig und bereit ist zu allem Dienst, gegen alle Personen, wann, wozu und wie man ihn haben will, und nach dem Bilde Gottes, seines Vaters, ist er alles in allem und über alles.

WA 5,38 (1519)

»Ich habe meinen König eingesetzt auf meinem heiligen Berg Zion.«

»Jene wollten freilich nicht, daß er über sie herrsche, und haben sich wider mich und meinen König verbunden. Aber mein Rat wird bestehen und mein Wille wird geschehen, wer wird meinem Angesicht widerstehen? Haben sie ihn getötet, so hab ich ihn dennoch zum König gesetzt. Haben sie sich ihm entzogen, so hab ich ihm dennoch den Berg Zion und alle Enden der Erde unterworfen. So sind sie nun verlacht und verspottet, und vor allen Leuten ist offenbar, daß sie Eitles geredet haben.«

Dieser Vers betrifft auch das geheime Laster des Ehrgeizes und der Anmaßung, die heute in der Kirche Christi so unverschämt herrschen wie nie. In Hebräer 5,4f handelt der Apostel davon: Niemand nimmt sich selbst die Ehre, sondern er wird berufen von Gott gleichwie Aaron. Also hat sich auch Christus nicht selbst verherrlicht, sondern der zu ihm gesagt hat: Du bist mein Sohn! Desgleichen steht Psalm 110,1 geschrieben: »Der Herr sprach zu meinem Herrn: Setze dich zu meiner Rechten!« Dieser ganze Psalm pocht hierauf: Denn alles, was Christi ist, läßt er vom Vater verordnet und nichts von Christus selbst an sich gerissen und angemaßt sein. Unsre Dekrete aber handeln schon viele Jahre lang infolge vielen und schweren stinkendem Ehrgeizes von nichts anderem als von Würde, Macht und Privilegien und fragen nach keiner Ordnung und Bestimmung des Vaters. *WA 5,56 (1519)*

Die dreifache Hilfe

PSALM 3,4

Aber du, Herr, bist der Schild für mich und der mich zu Ehren setzt und mein Haupt aufrichtet.

Den Dreien stellt er drei entgegen. Den vielen Bedrängern den Schild, den vielen, die sich wider ihn setzen, die Ehre, den Lästerern und Schmähern den, der das Haupt aufrichtet. Darum ist er zwar vor den Menschen und nach seinem eigenen Empfinden allein, aber vor Gott und im Geist mit dem allerreichsten Schutz versehen und gar nicht allein, wie Johannes 16,32 geschrieben steht: »Siehe, es kommt die Stunde, da ihr mich allein lasset, aber ich bin nicht allein, denn der Vater ist bei mir.« Desgleichen ist er dem Anschein nach und vor den Augen der Menschen ohnmächtig und erdrückt, aber vor Gott und im Geist ist er der Allerstärkste und kann sich in der Kraft Gottes mit Zuversicht rühmen mit dem Apostel 2. Korinther 12,9f.: Wenn ich schwach bin, dann bin ich stark, und ich will mich gern rühmen meiner Schwachheit, auf daß die Kraft Christi bei mir wohne. Und von der ganzen Kirche sagt Psalm 68,10: »Sie ist schwach, aber du hast sie stark gemacht« (Nach der lat. Übersetzung). Desgleichen ist er vor den Menschen und nach der Schau der Unweisen verzweifelt daran und hat auch bei Gott keine Hilfe mehr, aber in der Verborgenheit solchen Wetters ist er dennoch erhört und erhöht nach dem Wort von Psalm 81,8: »Da du mich in der Not anriefst, half ich dir aus; ich erhörte dich, da dich das Wetter überfiel.« Ja, wirklich in der Verborgenheit des Wetters geschieht das, denn das Wetter der Bedrängnis verbirgt die Erhörung und das Heil so sehr, daß nichts weniger in Erscheinung tritt als Heil und Gott nicht als ein Erhörer, sondern nur in seinem Unwillen empfunden wird. *WA 5,81f (1519)*

Erhöre mich, wenn ich rufe, Gott meiner Gerechtigkeit, der du mich tröstest in Angst.

Wenn ich sprechen kann: Ich bin mit Gottes Taufe getauft, ich habe den Glauben von Gott, das Vaterunser ist Gottes Gebet, die Gebote Gottes sind göttliche Werke, – so kann der Teufel nichts wider mich.
Dafür streite ich. Darum möchten sie mich verdammen, mich einen Sohn des Teufels heißen, sich selber aber für Gottes Kinder halten, so viel sie wollen, ich befehle die Gerechtigkeit und Sache Gott. Sie ist ja sein, er hat sie mir zum Geschenk gegeben durch seinen Sohn. Friede, Heil, Werke und alles sind Gottes Sache, denn er gibt Frieden und ein fröhlich Herz.
Es ist Gottes Freude, daß ers gibt, und ist meine Freude, daß ichs fühle. So ists auch Gottes Gerechtigkeit, weil er sie gibt, und meine Gerechtigkeit, weil ich sie annehme als sein Geschenk. So heißt sie zugleich meine Gerechtigkeit und Gottes Gerechtigkeit, weil er sie gibt und ich sie annehme. – Ich weiß, die Lehre und der Glaube sind von dir und deiner Gnade. Wenn wir nur dich haben und von Herzen sagen können: Ich hab es nicht erdichtet noch sonst ein Mensch! Verdammen sie mich, so klag ichs unserm Herr Gott und werfs ihm vor die Füße: Es ist ja deine Gerechtigkeit! – Da kann ich dann sprechen: Erhöre mich Gott meiner Gerechtigkeit, du Gott des Wortes, des Glaubens, der guten Werke, des Kreuzes Leides und Trostes, denn all dies kommt ja nicht von Fleisch und Blut, sondern von dir. *WA 41,669f (1536)*

Wahre Herzensfreude

PSALM 5,12

Laß sich freuen alle, die auf dich trauen, ewiglich laß sie rühmen, denn du beschirmst sie. Fröhlich laß sein in dir, die deinen Namen lieben!

Willst du wissen, wo die wahre Herzensfreude sei? Antwort: Freuen sollen sich, die auf dich hoffen. Der Spruch steht fest und diese Definition ist gewiß: Nicht in Werken nach irgendwelchen Dingen, sondern allein in der Hoffnung freut sich des Menschen Herz! Wer außerhalb dieser Hoffnung Freude sucht, wird viel schwitzen und dennoch sich vergeblich mühen. Gleichwie die kranke Frau im Evangelium (Markus 5,25ff.) all ihr Gut an die Ärzte verschwendete und es ihr dort nur immer ärger ging, so geht es auch den verwirrten Gewissen, die hierhin und dahin laufen, diese und jene um Rat fragen, bald dies bald jenes tun und alles versuchen, um ihr Herz zu beruhigen. Nach der Hoffnung aber, die allein zufrieden macht und die sie bei sich selber haben können, fragen sie nicht.

Es kann nicht anders sein: Wer nicht auf den Herrn hofft, der muß traurig sein, sooft eine Anfechtung über ihn kommt. Wenn er aber traurig ist, so kann er nur immer murren; denn ohne Freude des Herzens gibt es kein Lob Gottes. *WA 5,157 (1519/21)*

Ach, Gott, wie lange?
Ach, Gott, kehre wieder und erlöse meine Seele,
hilf mir um deiner Barmherzigkeit willen.

Allen leidenden Menschen wird die Zeit lang. Kurz aber den Fröhlichen, besonders aber und unermeßlich lang wird sie denen, die diesen inwendigen Schmerz der Seele haben, den man in der Gottverlassenheit fühlt. So ist kein größer Leid, als wenn man das Leiden des Gewissens empfindet, welches geschieht, wenn Gott, d.h. die Wahrheit, Gerechtigkeit, Weisheit usw. absagt und nichts bleibt als Sünde, Finsternis, Ach und Weh. Das ist ein Tropfen und Vorschmack der höllischen Pein und ewiger Verdammnis. Darum greift es alle Gebeine, Kraft, Saft, Mark im Menschen an und alles, was in ihm ist.

»Ach, Gott, kehre wieder und erlöse meine Seele.« Die Abkehr Gottes ist die inwendige Gottverlassenheit, von der das greuliche Erschrecken und gleichsam ein Anfang der Verdammnis empfunden wird, wie in Psalm 30,8 geschrieben steht: »Du hast dein Antlitz von mir gekehrt, da erschrak ich.« Darum spricht er: »Erlöse meine Seele«, als wollte er sagen: Sie ist versunken und verdammt, zieh oder reiß sie wieder heraus. Mach mich selig oder gesund! Denn dies ist die tiefste und größte Krankheit der Seele, in der sie ewiglich verderben müßte, wenn sie so bliebe. »Um deiner Barmherzigkeit willen.« Nicht also um der Würdigkeit meiner Verdienste, sondern um deiner Barmherzigkeit willen, auf daß dieselbe gepriesen, geliebt und gelobt werde, weil sie auch den Unwürdigen zu Hilfe kommen läßt. *WA 1,161 (1517)*

Im allerbesten Recht

PSALM 7,4.6

Ist Unrecht in meinen Händen . . . so verfolge mein Feind meine Seele.

Mich dünkt nicht, daß dies in sicherem Vertrauen, wie die meisten meinen, gesprochen sei, so, als wäre David dessen ganz sicher gewesen, daß solches nicht geschehen werde, weil er's nicht verdient habe. Da er aber mit so demütigem Gebet begonnen hat, meine ich, daß auch diese Worte, in der gleichen Furcht Gottes gesprochen sind. Denn wenn er sich auch nicht bewußt war, solchen Fluch verdient zu haben, ja vielmehr sich durch Gottes Befehl in sein Reich berufen wußte, so hatte er doch allerlei Gründe, sich nicht darauf zu verlassen und sich nicht damit zu rühmen. Erstlich, weil Gott wunderbar ist in allen seinen Wegen, und zum andern, weil wir selber unser Herz nicht genug kennen. Darum kann es sehr wohl sein, daß man Gottes Gebot nicht recht verstanden hat oder nicht recht ausgeführt und durch solch ganz verborgenes Mißverdienst es wohl verdient hat, wenn Gottes Befehl aufgehoben oder verändert wird und nun derselbe Gott, von dem du meintest, er sei für dich, gegen dich ist . . . Ich sage das nicht, um irgend jemand sein Recht und seine Schuldigkeit zu nehmen oder streitig zu machen, sondern nur, weil wir durch solche Worte und Beispiele der Schrift lernen sollen: Wenn einer etwas auch mit dem allerbesten Recht hat oder besitzt, so soll er's doch mit Furcht besitzen und soll's nicht mit Gewalt, sondern mit Gebet und mit Geduld verteidigen und bereit sein, es fahrenzulassen, wenn es Gott gefällt.

WA 5,224 (1519/21)

Der Herr über alles

PSALM 8,7

Du hast ihn zum Herrn gemacht über deiner Hände Werk, alles hast du unter seine Füße getan.

Freu dich also, du Christenmensch und wer immer sich als ein Werk Gottes erkennt. Wenn du glaubst, daß Christus wahrhaft zum Herrn über alles gesetzt ist, so ist dir dies zu großem Trost gesagt. Denn wenn deine Feinde auch von ferne her Böses gegen dich im Sinne haben, gegen wen haben sie es denn im Sinn? Gegen dich oder gegen Christus? Sie und du sind ja doch in seiner Hand. Fürchte dich nicht, er ist hier und dort gegenwärtig, er sieht wohl, was sie gegen dich treiben, und er wacht über dir mit größerer Sorgfalt, als du selber über dich wachen kannst. Oder meinst du wirklich, ein besessenes Ding könne mehr Acht haben auf sich selber als sein Besitzer? – Und wenn sie dich töten, brennen, verwunden, verklagen und verbannen, falls du ihr Untertan bist, wem tun sie dann den Schaden an, wessen Ding verderben sie, dein Ding oder Christi Ding? Weh unserem Unglauben, daß er vor lauter Gottlosigkeit solchen Trost und solche Sicherheit nicht verstehen kann. Es fehlt nicht an einem Schirmer und Eigentümer, aber es fehlt an dem Glauben, daß wir auch sein Eigentum sind. Denn dies ist ein Wort des allerhöchsten Glaubens: Alles hast du unter seine Füße getan und ihn über die Werke deiner Hände gesetzt.

WA 5,279 (1519/21)

Geld aus leerem Beutel

PSALM 9,13

Verkündigt unter den Leuten sein Tun.
Er gedenkt und fragt nach ihrem Blut;
er vergißt nicht des Schreiens der Armen.

Verkündigt unter den Leuten sein Tun; das ist das rechte Opfer, wenn wir lernen erkennen, daß er hilft, obwohl nichts mehr vorhanden ist, und wir in Armut und Schande, gehaßt und verachtet leben müssen. Das sind die Wunder Gottes, daß er aus nichts alles macht. Das lernet um Gottes willen, spricht er, und saget's den Leuten, denn wenige wissen's. Es ist aber so seine Weise: Er läßt uns töten, wir müssen das Blut drüberlassen, elend sein und schreien, wie das Folgende zeigt: Er gedenkt und fragt nach ihrem Blut! Er vergißt nicht des Schreiens der Armen. Dieser Psalm nennt Gott bei seinem rechten Namen, daß er nämlich seine Heiligen wunderlich führt (Psalm 4,5). Aus einem leeren Beutel Geld zählen, aus den Wolken Brot backen, das ist unseres Herrgotts Kunst allein. Dennoch tut ers täglich. Er macht aus nichts alles. Dergleichen Verheißungen wiederholt der Psalmist darum, weil sie sich auch in der Wirklichkeit wiederholen. Denn eine Verfolgung folgt der andern, so auch ein Trost dem andern.

WA 31I,291 (1530)

Das Verlangen der Elenden hörst du, Herr,
ihr Herz ist gewiß, daß dein Ohr drauf merkt.

Gott ist so willig und bereit zu erhören, daß er, noch ehe sie rufen, schon die Wünsche des Herzens erhört. Ja, Gott hat es eiliger, zu hören, als jene es haben, zu rufen. Gott will gerufen haben, damit er erhören kann. So sehr geht sein Wille, zu erhören, dem Wunsch derer, die da rufen, vorauf und voraus. Darum steht geschrieben: »Es soll geschehen: ehe sie rufen, will ich antworten, wenn sie noch reden« (Jesaja 65,24), d.h. noch eh ihre Rede und ihr Schreien zu Ende sind, will ich hören. Das sind wohl frostige Dinge für eine sichere und satte Seele, die nicht an diesem Ort und in solcher Not ist. Aber den Seelen der Elenden und Angefochtenen sind es höchst nötige und höchst tröstliche Dinge, wie ich oft gesagt habe: Der Psalter ist ein Übungsplatz des Glaubens und des Geistes: wer ihn ohne Glauben liest, der liest nur Finsternis und Kälte in ihm und bleibt ohne Licht und Wärme; der Glaube aber lebt und wächst allein in Leiden, und je härter sie sind, desto schöner gedeiht er. *WA 5,351 (1519/21)*

Ich trau auf den Herrn. Wie saget ihr denn zu meiner Seele, sie soll fliegen wie ein Vogel auf eure Berge?

Mein Gottesdienst ist, daß ich auf den Herrn traue. Er macht einen Unterschied zwischen Gottesdienst und Gottesdienst. Der eine Gottesdienst steht darin: allein auf Gnade trauen; der andre darin: auf Verdienste trauen. Diese beiden Gottesdienste sind allzeit gewesen und werden bestehen bis an der Welt Ende. Abel und Kain schlugen einander darüber tot. Darum spricht David: jene trauen auf Werke, ich aber auf die Barmherzigkeit. Das ist mein Glaube und meine Lehre.
Wollt ich euch (falschen Lehrern) folgen, so müßt ich umherirren wie ein Vogel, ich wär aus meinem Nest geworfen, ihr wollt mich von da, wo mein Nest ist und wo ich lebe, hinwegstoßen in den Wald, wo keine sichre Statt ist. So ist es: Wer den Glauben fahren läßt, dem bleibt nichts andres übrig als umherzuirren. Wer vom Glauben abgetreten ist, wird also zum unsteten Vogel. Davon spricht auch Paulus: »Sie lehren immerdar und können nimmer zur Erkenntnis der Wahrheit kommen« (2. Timotheus 3,7). Denn außerhalb des Glaubens gibt es nichts andres als ein unstetes Schweifen in den Bergen, ein Irren in den Wüsten, da kann das Gewissen nicht sicher und ruhig sein. *WA 31 I, 301 (1530)*

Ach Gott vom Himmel sieh darein Psalm 12,6

Weil denn die Elenden verstöret werden und die Armen seufzen, will ich auf, spricht der Herr, ich will eine Hilfe schaffen, daß man getrost lehren soll.

Ach Gott vom Himmel sieh darein
und laß dich des erbarmen,
wie wenig sind der Heilgen dein,
verlassen sind wir Armen.
Dein Wort man läßt nicht haben wahr,
der Glaub ist auch verloschen gar
bei allen Menschenkindern.

Sie lehren eitel falsche List,
was eigen Witz erfindet;
ihr Herz nicht eines Sinnes ist
in Gottes Wort gegründet;
der wählet dies, der andre das,
sie trennen uns ohn alle Maß
und gleißen schön von außen.

Darum spricht Gott: »Ich muß auf sein,
die Armen sind verstöret;
ihr Seufzen dringt zu mir herein,
ich hab ihr Klag erhöret.
Mein heilsam Wort soll auf den Plan,
getrost und frisch sie greifen an
und sein die Kraft der Armen.« *(1524)*

Gegen Melancholie

Herr, wie lange willst du mein so gar vergessen?
Wie lange verbirgst du dein Antlitz vor mir?
Wie lange soll ich sorgen in meiner Seele und mich ängsten in meinem Herzen täglich?
Wie lange soll sich mein Feind über mich erheben?

Herr, wie lange willst du mein so gar vergessen?
Es ist ein langwierig Ding. Ein Herz in Angst meint, es sei vergessen und die Angst werde ewiglich währen. Wie lange verbirgst du dein Antlitz vor mir? Daß er sein Antlitz verbirgt, das heißt, daß das Wort der Verheißung hinweg ist und unser Herr Gott einen ohne dies Wort der Verheißung sitzen läßt, wenn man sich mit Teufel, Sünde, Gesetz, Tod und Hölle herumschlägt. Es ist ein schweres Ding, in solcher Anfechtung lange aushalten zu müssen. – Wie lange soll ich sorgen in meiner Seele und mich ängsten in meinem Herzen täglich? d.h. ich suche hin und her, wie ich mich trösten soll, finde aber nichts. Diese Folge tritt ja immer ein: Wenn einer ohne das Wort ist, dann sucht er alsbald eigenen Rat. Da treibt eine Welle die andere, ein Gedanke den andern. Das ist die rechte Melancholie, wenn einer so mit seinen Gedanken irre geht und sich doch gern trösten wollte. – Wie lange soll sich mein Feind über mich erheben? Hiermit bekennt er, daß es der Teufel ist, der ihn so quält und vexiert. Weil es eine persönliche Anfechtung ist, so verstehe ich unter dem Feind den Teufel. Man könnte freilich auch die Menschen darunter verstehen.

WA 31I, 306 (1530)

Bewahrung

Bewahre mich, Gott, denn ich trau auf dich.

Du allein bist mein Bewahrer, der du die Verlorenen bewahrst, die Toten lebendig machst, die Niedergeschlagenen aufrichtest, bewahre mich! Als wollt er sagen: »Vater, in deine Hände befehle ich meinen Geist« (Psalm 31,6). Er bittet aber um solche Bewahrung nicht allein in der Zeit der Passion, sondern bekennt, daß er sein ganzes Leben lang täglich sterbe und von Gott, dem Bewahrer, abhänge, wie Paulus rühmt (1. Korinther 15,31). So geht der Fromme allezeit unter und wird doch allezeit bewahrt. Das ist das neue Leben des Glaubens und der Hoffnung, das in diesem Psalm empfohlen wird, ein Leben des Kreuzes d.h. des Todes und zwar des allerschimpflichsten Todes. – Denn ich trau auf dich. Siehe, Hoffnung und Vertrauen rufen Gott an. Wie könnte auch einer anrufen, wenn er nicht traute? Warum ist hier von Verdiensten an Werken und Tugenden keine Rede? Weil in solch äußerster Lage nichts andres bestehen bleibt noch bewahren kann als allein ein reiner und fester Glaube, der sich allein auf die Barmherzigkeit Gottes stützt.

WA 5,444 (1520)

Erhalte meinen Gang auf deinen Fußsteigen, daß meine Tritte nicht gleiten.

Hier gilt also der freie Wille nichts, auch ist die sogenannte erste Gnade* nicht genug, sondern hier bedarf es der Beharrlichkeit, die aber nicht im Wollen des Menschen steht, sondern Gott uns darreichen muß. Es liegt ein Nachdruck darauf, daß Beharren mehr ist als Anfangen; denn die, die beharren, brauchen die Hilfe der göttlichen Hand. Denn viele fangen an, wenige fahren fort und die allerwenigsten gelangen ans Ziel, wie der Herr lehrt im Evangelium vom Samen, der auf verschiedenes Erdreich fällt (Lukas 8,5ff.). Auch Mose fing wohl an, zu beten mit erhobenen Händen, aber als ihm die Hände schwer wurden beim Beharren, bedurfte er der Helfer Hur und Aaron (2. Mose 17,11). »Wer da beharret bis ans Ende, der wird selig« (Matthäus 24,13). Was ist Beharren anderes als ein fortwährendes Anfangen und ein unermüdliches Ausharren gegen den Widerstand des Teufels und der sündenschweren Natur? – Auf deinen Fußsteigen! Das ist, wie schon oft gesagt, in Antithese zu den Fußsteigen der Menschen gesprochen. Denn wir sind viel bereiter, alles zu tun, was wir selber oder was Menschen erwählen, als das, was Gott geboten hat. Denn unsere Natur hängt ab von Menschengeboten. Da bleibt der alte Mensch unversehrt, ja der alte Mensch lebt von Menschengeboten. Aber durch Gottes Gebote muß er sich töten, wandeln und erneuern lassen.

Auf seinen eigenen Wegen wählt und befragt der Mensch nichts, was gegen oder über seinen eigenen Sinn geht. In Gottes Geboten aber kann er nicht wandeln, ohne viel tun und leiden zu müssen, was er nicht will und nicht versteht, sondern flieht und haßt. Da wird der alte Mensch ausgezogen und der neue Mensch angezogen. *WA 5,474 (1520)*

* Scholastischer Fachausdruck: Voraussetzung der Rechtfertigung, auf Grund deren jedoch der freie Wille Verdienste erwerben kann und muß.

Der Ort des Glaubens PSALM 18,10.12

Er machte Finsternis zu seinem Zelt.

Dich quält das Ende und der Ausgang der Sache, weil du sie nicht begreifen kannst. Aber wenn du sie begreifen könntest, wollte ich kein Teil an dieser Sache haben noch ihr Urheber sein. Denn Gott hat sie an einen Ort gestellt, den du in deiner Rhetorik und in deiner Philosophie nicht kennst. Der Ort heißt Glaube. Dahin ist alles gestellt, was man nicht sieht und nicht in Erscheinung tritt. Wenn dir einer sichtbar und begreifbar machen könnte wie du tust, dann soll er Sorgen und Tränen zum Lohn für seine Mühe haben, wie du sie hast, da wir alle vergeblich dir widerreden. Der Herr hat verheißen, er wolle im Dunkel wohnen (1. Könige 8,12), und macht Finsternis zu seinem Gezelt (Psalm 18,12). Wer da will, der machs anders. Wenn Mose das Ende zu begreifen versucht hätte, als er dem Heer Pharaos entging, dann wäre Israel vielleicht noch heute in Ägypten. Der Herr mehre dir und uns allen den Glauben. Wenn wir den haben, was kann uns dann der Teufel mitsamt der ganzen Welt tun? Wenn wir aber keinen Glauben haben, warum trösten wir uns dann nicht wenigstens mit fremdem Glauben? Denn es müssen Leute da sein, die an unserer Statt glauben. Sonst gäbe es ja keine Kirche in der Welt und Christus hätte aufgehört, bei uns zu sein vor der Welt Ende. Wenn er aber mit uns nicht ist, wo in aller Welt soll er dann sonst sein? Wenn wir nicht die Kirche oder doch ein Teil der Kirche sind, wo ist dann die Kirche? Sind etwa die Herzöge von Bayern, Ferdinand, der Papst, der Türke oder dergleichen die Kirche? Wenn wir das Wort Gottes nicht haben, wo sind dann die, die es haben? Wenn denn also Gott mit uns ist, wer kann wider uns sein? Sünder und undankbar sind wir wohl, aber deswegen ist doch er kein Lügner. Auch können wir in dieser heiligen und göttlichen Sache keine Sünder sein, auch wenn unser Leben böse ist. Aber du hörst das nicht, denn der Teufel schlägt dich und macht dich krank. Christus heilt dich, darum bete ich heiß und beständig. Amen. *Brief an Melanchthon 29.6.1530 von der Koburg nach Augsburg. WAB 5,406*

Wunderliche Führung PSALM 18,27

Bei den Reinen bist du rein und bei den Verkehrten bist du verkehrt.

Man darf das nicht so verstehen, als wenn das Laster gut wäre. Das Laster bleibt immer an sich böse, aber bei den Heiligen wird es zu einer Ursache des Guten, nach dem Spruch: Bei den Heiligen bist du heilig. Denn was die Heiligen tun, das wird geheiligt, d.h. die da heilig und gerechtfertigt sind oder die Gott glauben und ihn fürchten, deren Glauben wird eingeübt und wächst, auch wenn sie einmal fallen. »Gott führt seine Heiligen wunderlich« (Psalm 4,4). Umgekehrt sagt der Psalm: »Bei den Verkehrten bist du verkehrt.« Denn ihre Verdienste und guten Werke, wenn man sie so nennen darf, dienen ihnen zum Bösen. Denn sie mißbrauchen die allerschönsten Gaben Gottes gegen Gott, nämlich Geist, Beredsamkeit, Scherz, Leibesstärke und schöne Gestalt. Und allmählich verhärten und verblenden sie sich in ihrer Gottlosigkeit und werden endlich so hochmütig, daß sie meinen, sie seien Götter über alle andern. So wird die Verkehrung der Gaben offenbar. – Es ist mir auch öfters widerfahren, daß ich hierin angestoßen und ganz vermessen und töricht allerlei Anschläge hatte. Aber Gott regiert alles selbst und hat der Sache keinen Fortgang gegeben. Da ward ich ganz verstört und begann mich selber zu hassen und mir zu zürnen. Aber nach solcher Demütigung habe ich mich doch fleißiger gehütet, mich nicht von den Anfechtungen des Fleisches täuschen zu lassen, und habe das Wort desto eifriger ergriffen. Gott aber habe ich Dank gesagt, daß der meinen Rat so wunderlich verwandelt und der Sache einen viel besseren Ausgang gegeben hat, als ich ihn beabsichtigte. So ists gegangen, als wir zu Schmalkalden das päpstliche Konzil ablehnten (1537). Aber es wäre viel besser gewesen, wir hätten's nicht abgelehnt, sondern nur darauf bestanden, daß es unter billigen Voraussetzungen gehalten würde. So gehts allenthalben im Leben. Wir machen, raten, sagen viel verkehrt, aber dadurch demütigt Gott seine Heiligen und wendets nachher zu einem viel Besseren, was er ohne unser Versagen vielleicht nicht getan hätte. *WA 43,115f (1535/45)*

Die Himmel erzählen die Ehre Gottes, und die Feste verkündigt seiner Hände Werk.

Zu seinem eigentlichen Werk kann Gott nicht kommen, er tue denn zuvor ein fremdes und gegensätzliches Werk, wie Jesaja 28,21 (lat. Übersetzung) geschrieben steht: Fremd ist sein Werk, auf daß er sein eigenes Werk täte. Sein fremdes Werk aber besteht darin, daß er zu Sündern, Lügnern, Traurigen, Toren, Verlorenen macht. Freilich macht in Wahrheit nicht Gott sie selber dazu, sondern der menschliche Stolz will nicht zugeben, daß die Menschen so sind, obwohl sie tatsächlich so sind. Darum muß Gott sie härter bedrängen und eben dies Werk anwenden, um ihnen anzuzeigen, daß sie in Wahrheit solche sind, um sie auch in ihren eigenen Augen zu dem zu machen, was sie vor Gottes Augen sind. Da er nun zu Gerechten nur die machen kann, die zuvor ungerecht sind, so muß er notwendigerweise vor seinem eigentlichen Werk der Rechtfertigung das fremde Werk tun, sie zu Sündern zu machen. Darum spricht er (5. Mose 32,35): »Ich will töten und lebendig machen, ich will schlagen und heilen.« Diesem fremden Werk aber, welches das Kreuz Christi und der Tod unseres alten Adams ist, sind diejenigen am heftigsten feind, die sich selber für etwas, für gerecht und weise halten. Sie wollen nicht, daß das Ihre verachtet und für töricht und übel gehalten wird, d.h. sie wollen nicht, daß ihr Adam getötet wird. Darum gelangen sie nicht zu Gottes eigentlichem Werk, nämlich der Rechtfertigung oder Auferstehung Christi. Gottes fremdes Werk sind also die Leiden Christi und die Leiden in Christus, die Kreuzigung des alten Menschen und die Tötung Adams. Gottes eigentliches Werk aber ist die Auferstehung Christi, die Rechtfertigung im Geist und die Lebendigmachung des neuen Menschen, wie Römer 4,25 geschrieben steht: Er ist um unserer Sünde willen dahingegeben und um unserer Gerechtigkeit willen auferweckt. Die Gleichförmigkeit mit dem Bild des Sohnes Gottes umschließt diese beiden Werke.

WA 1,112f (1516)

Sieg vor der Schlacht   PSALM 20,9

Sie sind niedergestürzt und gefallen, wir aber stehen aufgerichtet.

Dies ist nicht historisch oder doch nicht nur historisch gemeint, sondern prophetisch, vielmehr als Glaubenssatz. Denn allein der Glaube, der auf Gott trotzt, kann so das Triumphlied schon vor dem Sieg singen und Lärm machen vor der Errettung. Denn dem Glauben ist alles erlaubt. Denn wer glaubt, der hat schon, was er glaubt. Denn der Glaube trügt nicht. Wie er glaubt, so geschieht ihm. – Statt »niedergestürzt« haben Hieronymus und der hebräische Text besser: Sie wurden gekrümmt oder: sie haben sich gekrümmt. Darin ist das Dahinsinken des in seiner eigenen Kraft Vermessenen zu spüren, der in sich selber zusammensinkt und sich krümmt, wenn Gott seine Hand abzieht, während sein Widersacher sich nicht krümmt. So kommt auch die Antithese besser heraus, denn sich krümmen und sich aufrichten sind Gegensätze wie stehen und fallen. Und gleichwie sich krümmen und fallen Rückschritt bedeutet, so bedeutet sich aufrichten und stehen Fortschritt.

Bei der Versammlung der Feinde, während die Gottlosen auf ihre Wagen und Rosse trauen, scheinen sie gewiß sich aufzurichten und zu stehen, während die im Namen des Herrn glaubenden Frommen weit ungleich gestürzt und im Fallen zu sein scheinen. – Dennoch sind wir gewiß, wenn bald das Gesicht der Dinge sich gewandelt hat, daß sie wahrhaftig aufgerichtet werden und stehen, ja vielmehr schon aufgerichtet sind und stehen. O herrliches Beispiel für den Glauben. *WA 5,578 (1520)*

Der Grund unserer Hoffnung PSALM 21,8

Der König hofft auf den Herrn und wird durch die Güte des Höchsten fest bleiben.

Dies ist eine treffende schöne Umschreibung oder vielmehr Definition der Hoffnung, die alle überlieferten gottlosen Meinungen von der Hoffnung widerlegen kann. Auf den Herrn hoffen ist nämlich dasselbe wie auf Grund der Barmherzigkeit des Höchsten nicht bewegt werden, sondern stehen und warten. Nun ist es freilich sehr leicht, sich bei gegenwärtiger Barmherzigkeit freuen und ergötzen. Aber wenn die Barmherzigkeit ferne und allenthalben Unglück gegenwärtig ist, das uns plagt, angreift und wankend macht, dann sich nicht zur Verzweiflung treiben lassen und nicht weichen, sondern das Gegenteil erwarten, das erst heißt wahrhaftig hoffen. Dies aber ist ein schweres Ding. Wenn nun aber der allerunschuldigste Christus auf den Herrn hoffen mußte und nur unter der Barmherzigkeit Gottes fest bleiben konnte, wer sind dann wir, die wir das Gericht Gottes mit unsern Kräften und Mühen überwinden möchten statt allein mit der Barmherzigkeit Gottes?

WA 5,589 (1520)

Von Gott verlassen? PSALM 22,2

Mein Gott, mein Gott, warum hast du mich verlassen?

Was von Gott verlassen sein heißt, kann man erst verstehen, wenn man weiß, was Gott heißt. Gott aber heißt Leben, Licht, Wahrheit, Weisheit, Gerechtigkeit, Güte, Macht, Freude, Ehre, Friede, Seligkeit und alles Gute. Von Gott verlassen sein heißt also in Tod, Finsternis, Torheit, Lügen, Sünde, Bosheit, Schwachheit, Traurigkeit, Verstörung, Anfechtung, Verzweiflung, Verdammnis und allen Übeln sein. Was folgt daraus? Müssen wir dann Christus zum Toren, Lügner, Sünder, Bösen, Verzweifelten und Verdammten machen? Sieh, darum habe ich gesagt, diese Worte seien verborgen und schwer. Aber siehe selber zu! Alle geben zu, daß in Christus zugleich höchste Freude und höchste Traurigkeit, höchste Schwachheit und höchste Kraft, höchstes Leben und höchster Tod vorhanden sei. Eben dies zeigt dieser Vers genügsam an, indem er gleichsam sich selber widersprechend ausruft, er sei von Gott verlassen und nennt ihn zugleich seinen Gott und bekennt damit, daß er nicht verlassen sei. – Christus war auch in seinen eigenen Augen einem Verlassenen, Verfluchten, Sünder, Lästerer, Verdammten gleich, wenn auch ohne Sünde und Schuld. – Was an Christus geschehen ist, ist Wahrheit. Man darf diese klaren Worte Gottes nicht abschwächen noch entleeren. – Die Worte dieses Psalms sind nicht für alle Leute, denn nicht alle Leute haben dieselben Gaben und auch nicht dieselben Leiden. Die Schrift hat in ihren Sprüchen Milch für die Kinder, sie hat aber auch Wein und feste Speise für die Starken. Gleichwie den Schwächeren die Tröstungen der Schrift zukommen, so gebührt auch den Starken und tief Leidenden das Ihre. Wer kann das fassen, daß beides gleichzeitig sein kann: Daß in Gott unser Heil ganz nahe sein und doch in uns ganz ferne sein kann? Denn wenn es nicht ganz nahe wäre, spräche er nicht: Mein Gott. Und wenn es nicht ferne wäre, spräche er nicht: Du hast mich verlassen. *WA 5,602–607 (1521)*

Das hat er für unsere Sünden und um unserer Sünden willen gelitten. Dies sollten wir lernen. *WA 31 I, 354 (1530)*

Mein Hirte

Der Herr ist mein Hirte.

So geht es in der geistlichen Schäferei, d.h. in der Christenheit zu. So wenig ein natürlich Schäflein sich weiden, leiten, regieren und wider Gefahr und Unglück wehren oder schützen kann – denn es ist ein schwaches und dazu ganz wehrloses Tierlein –, so wenig können wir armen, schwachen, elenden Leute uns geistlich weiden und regieren, auf rechter Bahn wandeln und bleiben, aus eigenen Kräften uns wider alles Böse schützen, in Angst und Not uns Hilfe und Trost schaffen. – Wie sollen wir den rechten Weg finden und darauf bleiben, da wir doch nicht anders können, als in der Irre laufen, wie der Prophet Jesaja sagt (53,6). – Was wollen wir armen, elenden Leute viel rühmen von großem Trost, Hilfe und Rat wider Gottes Gericht, Gottes Zorn und ewigen Tod, da wir doch alle Tage und Stunden an uns selbst in geringen leiblichen Nöten uns weder raten, helfen und Trost suchen können? Darum schließe nur freiweg so: So wenig ein natürlich Schäflein sich im allergeringsten helfen kann, sondern alle Wohltat von seinem Hirten erwarten muß, noch viel weniger kann ein Mensch in den Sachen, die die Seligkeit betreffen, sich selber regieren, Trost, Hilfe und Rat bei sich finden, sondern er muß alles von Gott, seinem Hirten, allein erwarten, der tausendmal williger und fleißiger ist, alles für seine Schäflein zu tun, als irgendein frommer irdischer Hirte.

Dieser Hirte aber, von dem der Prophet so lange Zeit zuvor geweissagt hat, ist Christus, unser lieber Herr. Er ist ein ganz anderer Hirte als Mose, der hart und unfreundlich zu seinen Schafen ist und sie weit hinten in die Wüste treibt, wo sie weder Weide noch Wasser, sondern nur lauter Mangel finden (2. Mose 3,1). Christus aber ist der gute, freundliche Hirte, der dem verschmachteten und verlorenen Schäflein in der Wüste nachläuft und es da sucht. Und wenn er es findet, legt er es mit Freuden auf seine Achsel (Lukas 15,4). Und er läßt noch dazu das Leben für seine Schafe (Johannes 10,12).

WA 51,273ff (1536)

Wahre Reinheit

Wer wird auf des Herrn Berg gehen? Und wer wird stehen an seiner heiligen Stätte? Wer unschuldige Hände hat und reines Herzens ist.

Reines Herzens, d.h. rein von Willen und Lust zum Bösen. Er spricht nicht: Bischof, Papst, Doktor, Apostel, Fürst, König. Er spricht auch nicht: Priester, Frommer, Mönch. Er spricht auch nicht: Mann, Frau, Kind, Greis, Jungfrau, Witwe. Er spricht auch nicht: Grieche, Lateiner, Gelehrter, Weiser, Mächtiger, Reicher. Denn Gott sieht solche Personen nicht an, verachtet aber auch die entgegengesetzten Personen nicht. Denn dies ist alles, für sich allein, verdammt. Aber auch der ist nichts, der so und soviel Psalmen betet und singt, so und soviel Tage fastet, so und soviel wacht, auch nicht der, der das Seine den Armen gibt, noch der, der andere lehrt, noch der, der freundlich, menschlich, leutselig ist. Auch der nicht, der alle Wissenschaften, Sprachen, Tugenden und Werke hat, die jemals irgendwo geschrieben oder gesprochen worden sind, seis in weltlichen oder heiligen Wissenschaften. Sondern der allein ist es, der dies eine hat, daß er inwendig und auswendig im Geist und im Fleisch rein ist, auch wenn er all das andere, von dem ich gesprochen habe, nicht hätte – falls solches möglich wäre.
Sind das nicht wunderliche Dinge? Aber höre noch Wunderlicheres! Wer ist so rein? Antwort: Nur einer, Jesus Christus. Die andern sind alle unrein und können aus ihren Kräften nicht rein werden, außer allein durch die Gnade, die ihnen durch Christus eingegossen wird. Keiner kann sich rühmen, daß er reine Hände und ein reines Herz habe, auch die Apostel und Propheten nicht.
Wenn daher ein Christ an Hand und Herz rein ist, so heißt dies, daß er anfängt rein zu werden, aber noch in vielem unrein ist. Darum spricht Christus (Johannes 15,2): »Eine jegliche Rebe, die da Frucht bringt, wird er reinigen, daß sie mehr Frucht bringe.«

WA 31I,473 (1530)

An der Wegscheide

PSALM 25,5

Leite mich in deiner Wahrheit und lehre mich.

Ich begehre nicht allein deine Wege, d.h. das Wort, sondern auch wenn ich das Wort habe, so bitte ich, daß du selber der Lehrmeister seist, durch die Lehre mich inspirierst und Erkenntnis und Verständnis gibst, damit ich ganz dabei bleibe. In deiner Wahrheit, d.h. nicht zum Schein. Behüte mich, daß ich das Wort nicht fasse wie die Heuchler. Lehre mich, d.h. inwendig im Herzen. Denn du bist der Gott, der mir hilft. Täglich harre ich dein.
Gedenke, Herr, an deine Barmherzigkeit und an deine Güte, die von der Welt her gewesen ist. D.h. ich weiß sonst keinen Helfer, wenn du mich nicht rettest in deinem Wort. Darum rufe ich dich an und harre, obgleich du verziehst und mich im Lehm stecken läßt. Gedenke nicht meiner Sünde, sondern gedenke an deine Barmherzigkeit und Wohltat, die du nicht mir allein, sondern jedermann sonst bewiesen hast. Die Barmherzigkeit besteht darin, daß er die Sünden vergeben hat; die Wohltat darin, daß er viele andere Güter gegeben hat. Da ist kein Verdienst. – Gedenke nicht der Sünden meiner Jugend und meiner Übertretungen. Man soll der früher getanen Sünden nicht vergessen, wie Jesus Sirach 5,5 geschrieben steht: »Sei nicht so sicher, ob auch deine Sünde noch nicht gestraft ist.« Und: »Meine Sünde ist immer vor mir« (Psalm 51,5). Denn wenn wir die Sünde vergessen, wird uns die Gnade verächtlich – sagen wir Gott nicht Dank. Und wenn wir nicht Dank sagen, werden wir sicher und lernen noch größere Missetaten tun. Darum laßt uns der vergangenen Sünden gedenken und sprechen: So und so hab ich gelebt. Das und das hab ich getan. Danach preise Gott, daß er dies alles vergeben hat. So wird die Gnade kostbar und bleibt einer fein in der Andacht. *WA 31I, 375f (1530)*

Gegen die Menschengunst — PSALM 26,2

Prüfe mich, Herr, und versuche mich, läutere meine Nieren und mein Herz.

Läutere meine Nieren und mein Herz, gleichwie ein Goldschmied das Silber durchs Feuer laufen läßt. Denn das Menschenherz ist so tief vergiftet, daß es es selber nicht merkt. Darum spricht er: Du kennst mein Herz besser als ich. Darum läutere mich, denn wenn ich angefochten werde, dann sehe ichs. Denn wenn ich ins Feuer verdammt werde und alle von mir abfallen, dann werde ich sehen, ob mein Herz rein ist. Werd ich aber blöd und ängstlich, sobald mir das Volk nicht anhangt, so hab' ich ein falsches Herz, das nur sich selber gefällt. Derart sind viele: Wenn sie keine Lobredner hätten, würden sie das Evangelium nicht predigen. Ihr Herz steht auf den Leuten, nicht auf Gott. Darum wird ihr Ruhm nicht lange dauern. Ein christlicher Prediger kümmert sich nicht darum, daß ihm die Leute anhangen, sondern darum, daß er das Wort Gottes recht predige. Wenn er jedoch weiß und die Zuversicht hat, daß seine Lehre in der Anfechtung als wahr erfunden ist, dann erst ist er ein richtiger Prediger. Wir sind alle so gesinnt, daß Menschengunst uns kitzelt. Aber das ist nur das Zeichen des unreinen Herzens. Das Herz ist die Meinung, die das Herz täuscht. Die Nieren sind das, wozu ich Lust und Liebe habe. Eines falschen Predigers Meinung ist, daß man ihn solle für groß halten. Das ist sein Herz und dazu hat er Lust. Es ist ein gefährlich Ding um einen Prediger. Hat er das Wort, so hat er auch Lobredner und Lästerer. Das Lob kitzelt, das andere verdrießt. Er steht zwischen zwei Spießen. – Ist einer nur ein leichter Geist, so ersäuft er im Lobe und kanns nicht ertragen, wenn er verdammt wird. Schon ein leichtes Wölkchen der Volksgunst lockt ihn weg vom Wort, so daß er nur noch predigt, was seinem eigenen Ruhm dient. *WA 17I, 236–238 (1525)*

Sei getrost und unverzagt und harre des Herrn.

Harre des Herrn, handle männlich, so wird dein Herz stark werden. Wenn es auf unserm Rat stünde, was oder wieviel Gott durch uns tun will, dann täte er überhaupt nichts durch uns; denn wir würden ihm seinen Rat sofort durcheinander bringen, indem wir ihn des Langen und Breiten und Tiefen auf das rechte Ziel und die rechte Gestalt hinwiesen, d.h. auf unsre allergescheiteste Fleischesweisheit, durch die er nur gehindert würde und deretwegen er uns in unsern Herzenswünschen sitzen und an unserm eigenen Rat satt werden lassen muß. Nun aber verhält sich das Ding durch göttliche Güte so, daß wir niemals etwas richtiger und heiliger anstellen als dann, wenn wir meinen, wir seien gänzlich ohnmächtig und handlungsunfähig, und daß wir niemals gescheiter handeln als dann, wenn wir meinen, wir handelten am dümmsten. Denn der Satz steht nun mal fest (2. Korinther 12,9): »Seine Kraft ist in den Schwachen mächtig« – und also auch seine Weisheit in unserer Torheit. Darum ists in göttlichen Sachen viel besser, gezwungen zu werden als selber zu handeln, wie es denn dir jetzt ergangen ist, wenn auch nicht auf grobe Weise und nicht nach schlechtem Beispiel. Wiederum handeln wir auch nie schlechter, als dann, wenn wir meinen, wir wüßten, was wir tun und wieviel wir zu tun haben. Denn dann ist es fast unvermeidlich, ja ganz unvermeidlich, daß wir uns selber in unserm Tun doch ein wenig wohlgefallen und mit diesem wenn auch verzeihlichen Keimlein unsers Rühmleins dies Tun beflecken und also nicht mehr Gott allein die Ehre geben.

Brief an Nikolaus von Amsdorf (1542)
WAB 9,609

Unser ängstliches Sorgen — PSALM 28,1

Wenn ich rufe zu dir, Herr, mein Hort, so schweige mir nicht, auf daß nicht, wo du schweigst, ich gleich werde denen, die in die Hölle fahren.

Wie ängstlich sind wir doch bei jeder einzelnen Gefahr und jedem einzelnen Übel! Warum trauen wir nicht auf Gottes Sorgen, da doch unser Leben selber bezeugt, daß wir vor so viel Unglück bewahrt geblieben sind ohne unser Sorgen? Daran denken hieße acht haben auf die Werke des Herrn, über seine Werke nachsinnen und sich mit solcher Erinnerung in Widerwärtigkeiten trösten. Die davon nichts wissen, die werden des Wortes von Psalm 28,5 schuldig: weil sie nicht acht haben auf das Tun Gottes und die Werke seiner Hände, so wirst du sie zerbrechen und nicht bauen. Denn sie sind undankbar für die allumfassende Sorge, die Gott ihr Leben lang für sie trug, und wollen ihm doch nicht in einem einzigen Punkt die Sorge für ihr Leben überlassen. *WA 6,111 (1520)*

Gefahr eitlen Ruhmes PSALM 30,7

Ich aber sprach, da mirs wohl ging: Ich werde nimmermehr darniederliegen.

Abraham hatte sich solch herrlichen Sieges gefreut, Gott hatte ihm unter allen Völkern einen herrlichen Namen gemacht. Davon mochte ihm die Gefahr eitlen Ruhmes drohen. Denn nichts kann eine solche Natur schlechter ertragen als Gottes Wohltaten und eigene Ruhmestaten in einem. Darum verbirgt Gott sein Angesicht ein wenig und überläßt den Menschen sich selber. Dann kommt bald Angst und Mühsal. Darum spricht auch Paulus (2. Korinther 1,8f): »Daß wir am Leben verzagten . . ., das geschah darum, damit wir unser Vertrauen nicht auf uns selbst stellen sollten, sondern auf Gott, der die Toten auferweckt.« Denn Gott haßt unser Selbstvertrauen. Es ist das Laster unserer Natur, das alle Heiligen plagt, die Besten unter ihnen am meisten, und macht, daß sie gegen die erste Tafel (der Zehn Gebote) sündigen. Denn die Begierde, die gegen die zweite Tafel gerichtet ist, ist bei ihnen schon ziemlich ertötet.
Diebstahl, Ehebruch, Mord plagen sie nicht mehr so wie die Jugend, deren Fleisch noch stark und unversehrt ist. Vor ihnen lauern andere und schwerere Gefahren, nämlich die hohen Sünden gegen die erste Tafel, das Vertrauen auf die eigenen Kräfte, die Vermessenheit und die falsche Meinung von eigener Gerechtigkeit und Weisheit. Das sind die Ungeheuer, mit denen die Heiligen unablässig kämpfen müssen. *WA 42,550f (1535/45)*

Allzeit geborgen

PSALM 31,16

Meine Zeit steht in deinen Händen.

An dem Tage (5. 8. 1538) fuhr Luther zu seiner Erholung zu Wagen in den Wald und in die Felder, sang und freute sich zu Gottes Ehre und sprach: Mein Singen tut dem Teufel sehr weh, gleichwie er auch umgekehrt über unsere Ungeduld und unser Wehgeschrei lacht. Er hat Lust zu plagen, sonderlich die Leute, die Christus bekennen und predigen. Denn da er der Fürst dieser Welt und unser Feind ist, so müssen wir ihm durch sein Land passieren. Darum will er auch den Zoll von uns haben und schlägt darum unsere Leiber mit allerlei Plagen. Die Ärzte achten bei den Krankheiten freilich nur auf die natürlichen Ursachen, suchen mit ihren Arzneien zu wehren und tun auch recht daran, aber sie achten nicht, daß der Teufel als Antreiber hinter der natürlichen Krankheitsursache steht und Krankheiten und Ursachen leichtlich wandeln kann, warm in kalt, gut in böse. Darum muß man eine höhere Arznei haben, nämlich Glauben und Gebet, wie in Psalm 31 geschrieben steht: Meine Zeit steht in deinen Händen.

Diesen Spruch hab ich jetzt in der Krankheit gelernt und will mich korrigieren. Zuvor habe ich ihn nämlich allein auf die Todesstunde angewendet. Es muß aber heißen: In deiner Hand sind alle meine Zeiten, all mein Leben, alle Tage, Stunden und Augenblicke, als wollt der Psalm sagen: Meine Gesundheit, Krankheit, Unfall, Glück, Leben, Sterben, Freude, Trauern steht in deiner Hand. Das bezeugt die Erfahrung. Denn wenn wir denken, wir wollten fröhlich, lustig, fromm, gesund sein, so trifft das Gegenteil ein und umgekehrt.

WATR 4,25f (1538)

Über alle Vernunft

PSALM 32,8

Ich will dich unterweisen und dir den Weg zeigen, den du wandeln sollst. Ich will dich mit meinen Augen leiten.

Du bittest, ich soll dich erlösen. So laß dirs nicht leid sein: Lehre du mich nicht, lehre auch dich selber nicht; überlaß dich mir, ich will dir Meister genug sein; ich will dich den Weg führen, darin du mir gefällig wandelst. Dich dünkt, es sei verdorben, wenn es nicht geht, wie du denkst. Dies Denken ist dir schädlich und hindert mich. Es soll nicht gehen nach deinem Verstand, sondern über deinen Verstand. Senk dich in Unverstand, so geb ich dir meinen Verstand. Unverstand ist der rechte Verstand; nicht wissen, wohin du gehst, ist recht wissen, wohin du gehst. Mein Verstand macht dich ganz unverständig. So ging auch Abraham aus seinem Vaterland und wußte nicht wohin. Er gab sich in mein Wissen und ließ sein Wissen fahren und ist auf den rechten Weg an das rechte Ende gekommen. Sieh, das ist der Weg des Kreuzes. Den kannst du nicht finden, sondern ich muß dich als einen Blinden führen. Darum: Nicht du, nicht ein Mensch, nicht eine Kreatur, sondern ich, ich selber will dich unterweisen den Weg, den du wandeln sollst. Nicht das Werk, das du erwählst, nicht das Leiden, das du erdenkst, sondern das dir wider dein Erwählen, Denken und Begehren kommt, dem folge, da rufe ich, da sei Schüler, da ist es Zeit, da ist dein Meister gekommen, da sei kein Pferd oder unvernünftig Tier. Folgst du mir und verlässest dich auf mich, sieh, alsdann will ich dich mit meinen Augen leiten, will dich nicht lassen, du sollst nicht versinken, ich will dein nicht vergessen. Deine Augen sollen zu sein, dieweil meine Augen offen stehen über dich.

WA 18,489 (1525)

Singet ihm ein neues Lied.

Nur ein neuer Mensch kann ein neues Lied singen. Der neue Mensch aber ist der Mensch der Gnade, der geistliche und innerliche Mensch vor Gott. Der alte Mensch aber ist der Mensch der Sünde, der fleischliche und äußerliche Mensch vor der Welt. Denn Gnade ist neues Wesen, Sünde ist veraltet. – Es ist also klar, daß das neue Lied hier nicht zeitlich gemeint ist, sondern es ist das neue Heilige.
Alte Lieder sind all die schändlichen, possenhaften, fleischlichen Weltliedchen, auch wenn sie heutzutage komponiert sind und von allen gesungen werden. Neue Lieder aber sind alle Psalmen, dazu die ehrbaren, heiligen, frommen und geistlichen Lieder, auch wenn sie aus der Zeit der ersten Menschen stammten.
Je neuer und frischer einer in seiner Sache ist, ein desto neueres und frischeres Lied vermag er zu machen. Desgleichen auch umgekehrt vom alten Lied. –
Denn das Wort des Herrn ist recht. Es ist erstlich in sich selber recht oder aufrecht. Sodann macht es aufrecht, denn es richtet den Menschen, der in sich selbst verkrümmt ist, auf zu Gott, daß er ihn im Glauben erkenne und liebe. *WA 3,182f (1513/16)*

Eine Gewissensantwort an den Kurfürsten

PSALM 33,10

Der Herr macht zunichte der Heiden Rat und wendet die Gedanken der Völker.

Wir in unserm Gewissen mögen solch Bündnis nicht billigen noch raten.* Denn wenn es zustande käme und etwa ein Blutvergießen oder sonst ein Unglück daraus entstünde, könnten wir nicht mehr heraus, auch wenn wir gern wollten, sondern müßten all solchen Unglücks unleidlich Beschwerung tragen. Wir möchten lieber zehnmal tot sein, als uns ein Gewissen daraus machen müssen, daß unser Evangelium eine Ursache zu Blut und Schaden gewesen wäre, an denen wir schuld wären. Denn wir sollen die sein, die da leiden und, wie der Prophet sagt (Psalm 44,23), wie die Schlachtschafe gerechnet sein, nicht uns selbst rächen oder verteidigen, sondern dem Zorn Gottes Raum lassen, wie Römer 12,19 geschrieben steht.

Daß aber Euer kurfürstlich Gnaden (E.K.F.G.) darüber Gefahr leiden muß, schadet nicht. Unser Herr Christus ist mächtig genug, kann wohl Mittel und Wege finden, daß E.K.F.G. solche Gefahr nichts tun wird. –

Christi Kreuz muß getragen sein. Die Welt wills nicht tragen, sondern auflegen. So müssens wir Christen tragen, auf daß es nicht ledig daliege und nichts sei. E.K.F.G. haben bisher redlich daran getragen wider Aufruhr und auch wider große Anfechtung, Neid, Haß und viel böse Tücken von Freunden und Feinden. Dennoch hat Gott immerdar gnädiglich ausgeholfen und E.K.F.G. festen Mut gegeben und nicht ohne leiblichen und geistlichen Trost gelassen, sondern alle bösen Tücken und Stricke des Teufels wunderbar aufgedeckt, zerrissen und zuschanden gemacht. Er wirds auch fürderhin nicht böse machen, wenn wir glauben und bitten.

* *Kurfürst Johann (1525–32) hatte wegen eines eventuell auch gegen den Kaiser gerichteten Militärbündnisses evangelischer Fürsten angefragt.*

Deshalb bitte und vermahne ich untertäniglich, E.K.F.G. möge getrost und unerschrocken sein in solcher Gefahr. Wir wollen, so Gott will, mit Beten und Flehen mehr ausrichten als sie mit allen ihrem Trotzen. Aber unsere Hände wollen wir von Blut und Frevel rein halten. Und wenn es, was ich nicht glaube, dahin käme, daß der Kaiser weiter drängte und mich oder die andern forderte, so wollen wir mit Gottes Hilfe selbst die Verantwortung übernehmen und unserthalben E.K.F.G. nicht in Gefahr bringen . . . Denn E.K.F.G. soll weder meinen noch eines andern Glauben verteidigen, kanns auch nicht tun. Ein jeglicher soll seinen Glauben selbst verteidigen und nicht auf eines andern Gefahr hin, sondern auf seine eigene Gefahr hin glauben oder nicht glauben, wenns dahin kommt, daß unser Oberherr, der Kaiser, an uns will. Indes verläuft noch viel Wasser und wird Gott wohl Rat finden, daß es nicht so gehen wird, wie sie denken. Christus, unser Herr und Trost, stärke E.K.F.G. reichlich. Amen.

18. November 1529, unterschrieben
von Luther, Melanchthon,
Jonas und Bugenhagen.
WAB 5,182

Der Herr ist nahe bei denen, die zerbrochenen Herzens sind, und hilft denen, die zerschlagenes Gemüt haben.

Die Leute müssens wohl versucht haben, sie könnten sonst nicht so trefflich von den Sachen reden. Angst und Schrecken vor Teufel und Tod sind die rechte Zerschlagenheit. Davon steht 1. Korinther 15,56 geschrieben: »Der Stachel des Todes ist die Sünde, die Kraft aber der Sünde ist das Gesetz.« Mitten in solchen Ängsten an einen gnädigen Gott glauben, wiewohl man das Gegenteil fühlt, nämlich Gottes Zorn, das ist eine Kunst, die den wenigsten bekannt ist. Wenn der Vater sein Kind mit Ruten züchtigt, so fühlt es keine Güte und Freundlichkeit, sondern das Gegenteil. Und dennoch geht solche Züchtigung hervor aus väterlichem Herzen. Das heißt den verhüllten Gott erkennen. Schmach und Mangel tun wohl weh, aber gegen die feurigen Pfeile des Teufels sind sie nichts, wenn er angreift mit Gesetz, Sünde und Tod. Und er hat dabei den großen Vorteil, daß das Gewissen überwunden ist von der Schrift. Denn das Gesetz ist Gottes Wort, darum schreckt es den Menschen am allermeisten. Darum macht Paulus gleichnisweise aus ihm eine eigene, von Gott unterschiedene Person, gibt ihm dabei aber einen harten Tadel, indem er es einen Dienst des Todes, der Sünde und der Verdammnis nennt. *WA 31I,558 (1530)*

Nach Herzenswunsch

Habe deine Lust am Herrn,
der wird dir geben, was dein Herz wünscht.

In diesen Worten ist lauter Zucker und Honig. Es ist, als wollten sie sagen: Freilich, nach dem äußeren Schein verdrießt es dich, aber wende deine Augen von solcher Unlust, und wende sie dahin, wo Lust ist. Es ist Gottes Wille, daß seine Kinder in solcher Lust leben. Gefällt dies Gott und dir, so sprich: Wenn die Gläubigen nicht soviel haben, wenn dort auch hunderttausend Gulden sind, so hab ich doch noch mehr. Wenn du, Gott, es leiden kannst, zu geben und doch verlästert zu werden, wie sollte ichs nicht leiden? Und für wen sammeln sie? »Sie sammeln und wissen nicht, wer es einnehmen wird« (Psalm 39,7).
Er wird dir geben, was dein Herz wünscht. Das ist gewiß die stärkste Verheißung. Gott läßt es ausschreien, daß er dirs geben will. Darum steht auch anderswo geschrieben (Psalm 145,19): »Er tut, was die Gottesfürchtigen begehren, und höret ihr Schreien und hilft ihnen.« Wenn du sonst keinen Spruch der Schrift hättest, so wäre dieser genug: Er will geben, was das Herz wünschen kann. Als wollt er sagen, er gibt mehr, als du verlangst; er wills nach deines Herzens Wunsch machen. Denn Gottes Gabe ist reichlicher, als wir hoffen. Wir hättens nicht gewagt, ihn um soviel zu bitten.

WA 171,335–336 (1525)

Die Pfeile Gottes

Deine Pfeile stecken in mir und deine Hand drückt mich.

Die Worte Gottes, mit denen er in der Schrift schilt und droht, sind die Pfeile. Wer die fühlt, der schreit: Ach Gott, straf mich nicht in deinem Zorn. Es fühlt sie aber niemand als der, dem sie ins Herz gesteckt werden. Die, denen sie Gott ins Herz schießt, sind die weichherzigen Menschen. Von den Unfurchtsamen aber, die verhärtet sind, fallen sie ab wie von einem harten Fels. Und das geschieht so lange, als die Worte durch Menschenpredigt gesagt werden ohne Mitwirken und innerliches Einschießen Gottes. Und du hast über mich befestigt deine Hand, d.h. nicht allein deine zornigen Worte gehen mir tief zu Herzen, sondern auch deine zornigen Werke sind stets über mir und drücken mich. Das sind die zweierlei Leiden: Außen die Werke, d.h. Verfolgung des Leibes, innen das Erschrecken der Seele vor den Worten Gottes. Denn ein jegliches äußere Leiden bringt ein inwendiges mit sich, weil, wenn Gott auswendig angreift, das Herz sich fürchtet, mit Sünden den Zorn Gottes verdient zu haben. So sollen dann die schweren Sprüche und Drohworte herzu, wenn das äußerliche Leiden uns anfällt. Darum bittet er zuerst für das inwendige Leiden.

WA 1,175f (1517)

Das brennende Herz

PSALM 39,4

Mein Herz ist entbrannt in meinem Leibe, und wenn ich daran gedenke, werde ich entzündet; ich rede mit meiner Zunge.

Unser Herz entbrennt in uns, wenn es sich an geistlichen Gütern entflammt. Das ist das Gleiche wie die Meditation, die auch ein Sinnen in der Mitte unseres Herzens ist. Wenn der Geist aber durch die Sinne nach außen herum schweift, erkaltet das Herz. Es entbrennt aber nach außen, wenn es entzündet wird von der Liebe zu äußeren und zeitlichen Dingen. Nach innen aber, d.h. in geistlichen Dingen erkaltet es und das innere Feuer und die Meditation erlischt durch das Schweifen nach außen. – Wer nach außen nicht ausrichten kann, was er gern wollte, der brennt um so mehr innen. Wer aber im Verborgenen brennt, der brennt um so heftiger, wie geschrieben steht (Jeremia 20,8f): »Seit ich geredet, gerufen und gepredigt habe von der Plage und Zerstörung, ist mir des Herrn Wort zum Hohn und Spott geworden täglich. Da dachte ich: Wohlan, ich will sein nicht mehr gedenken und nicht mehr in seinem Namen predigen. Aber es ward in meinem Herzen wie ein brennendes Feuer, in meinen Gebeinen verschlossen, daß ichs nicht leiden konnte und wäre schier vergangen.« – So brennt der Eifer aller Heiligen dann am meisten, wenn die andern das Wort der Wahrheit nicht hören und sie selbst schweigen müssen. Schweigen aber müssen sie, wenn sie nichts mehr ausrichten können und kein Gehör mehr finden, wiewohl sie gewaltig geredet haben.

WA 3,222 (1513/16)

Von jeher geborgen

PSALM 40,18

Ich bin arm und elend; der Herr aber sorgt für mich.

Wir können Gott die Sorge für uns selbst bei einem kleinen gegenwärtigen Übel nicht überlassen und so tun, als habe er uns verlassen. Der 40. Psalm spricht anders: »Ich bin arm und elend, der Herr aber sorgt für mich.« Augustinus meint dazu: Die Sorge für dich soll der haben, der dich gemacht hat; der um dich Sorge trug, ehe du warst, wie sollte der nicht Sorge um dich tragen, da du nun nach seinem Willen da bist. Wir aber wollen die Herrschaft mit Gott teilen: Ihm schreiben wir zu, daß er uns gemacht hat, aber auch dies nur schwach und zaghaft, uns aber maßen wir die Sorge für uns an, gerade als hätte er uns zwar gemacht, habe uns aber hernach unsern eigenen Händen überlassen und sei hinweggegangen.

WA 6,125 (1520)

Wer ist ein Christ? PSALM 41,2

Wohl dem, der sich des Dürftigen annimmt.

Selig ist, der sich versteht auf den Bedürftigen. Es ist derselbe Sinn, den der Herr Matthäus 11,6 zum Ausdruck bringt: »Selig ist, der sich nicht an mir ärgert.« Denn ein solcher sieht nur auf fleischliche Weise, versteht sich aber nicht auf diesen Armen, d.h. denkt von ihm nicht mehr, als er sieht, sieht ihn also nur als einen Menschen an.

Der ist noch kein Christ, der einen Menschen ansieht nach seiner Bildung, Tugend, Heiligkeit, Berühmtheit. Das tun auch die Heiden und die geschwätzigen Poeten, die zu unserer Zeit ihre Namen ausrufen. Vielmehr, der den Bedürftigen, Armen, Törichten, Sünder und Elenden liebt . . ., aber nicht den Gelehrten, Gebildeten, Heiligen, Gesicherten. Darum bezeugt Christus auch, was für seine Geringsten aufgewendet sei, das sei ihm selbst erwiesen. Er hätte wohl sagen können: Was den Größten und Besten erwiesen sei, das sei ihm erwiesen. Aber »was hoch ist unter den Menschen, das ist ein Greuel vor Gott« (Lukas 16,15).

WA 3,229 (1513/16)

Die Sonne hinter den Wolken PSALM 42,6

Was betrübst du dich, meine Seele, und bist so unruhig in mir? Harre auf Gott, denn ich werde ihm noch danken, daß er mir hilft mit seinem Angesicht.

Gott ist zwiefach. Da ist der verborgene und verdeckte Gott. Wenn nämlich das angefochtene Gewissen die Sünde fühlt, dann fühlt es auch andre geistliche oder leibliche Beschwernis. Und wenn es darauf stiert, kann es an einen barmherzigen und milden Gott nicht glauben. Die nach diesem Gottesbild, dem des verborgenen Gottes, urteilen, stürzen in Verzweiflung und Verdammnis. Ein andres Gottesbild aber ist das offenbare, d.h. der offenbare, nichtverborgene Gott. Das ist das wahre Gottesbild des milden, gnädigen, barmherzigen, versöhnten Gottes. Es ist *ein* Gott (wiewohl er uns zwiespältig erscheint), gleichwie auch die Sonne zwiespältig ist, wiewohl es nur eine ist. Denn man kann sagen, sie sei eine andre, wenn sie von Wolken bedeckt ist, und wieder eine andre, wenn sie am heiteren Himmel strahlt. Wenn nun einer, wenn die Sonne von Wolken umgeben ist, nach dem gegenwärtigen Sonnenbild urteilen wollte, so kann er nicht glauben, daß einmal heller Tag sein wird, sondern muß ewige Nacht befürchten. Da gehört Kunst, wahrhaft goldene Kunst dazu: Wenn die Sonne hinter Wolken und Nebel verborgen ist, dennoch wissen, daß sie einmal Wolken und Nebel überwinden und den Weltkreis erhellen werde. So richtet sich hier der angefochtene Prophet auf und begehrt zu sehen, wie die Sonne aus den Wolken hervorbricht und hat in seiner Seele ein andres Bild als das, das seine Augen sehen. Und wenn ihn auch sein Gewissen schreckt und bedroht und wenn es auch schier verzweifelt darniederliegt, so richtet er sich dennoch im Glauben auf, läßt die Hoffnung nicht fahren und ist gewiß, Gott werde ihn erlösen und ihn den Gottesdienst wieder sehen lassen an dem Ort, den allein er in der ganzen Welt dafür verordnet hat.

WA 31 I,553–555

Wir wollen täglich rühmen vor Gott und deinem Namen danken ewiglich.

Allein Gott soll man ehren, rühmen und danken, der alles tut und gibt, besonders den Sieg, denn er will keins von beiden leiden, weder Versuchen noch Vermessenheit, sondern wir sollen die Mittelstraße gehen, weder zur linken noch zur rechten Seite ausweichen. Wer nicht Rüstung sucht, wo er sie haben kann, der braucht nicht, was Gott gegeben hat. Er weicht zur linken Seite aus, will, wie man sagt, mit dem Kopf widerstehen und versucht Gott. Solche werden getrost und billig übern Kopf geschlagen. Wer auf seine Rüstung, Klugheit oder Stärke sich verläßt, der weicht zur rechten Seite aus und verachtet Gott, dem er allein vertrauen und auf dessen bloßer Güte und Gnade er sich verlassen sollte. Die Mittelstraße aber heißt: Gott hat Wohlgefallen an denen, die ihn fürchten und seiner Güte trauen. Damit kriegt er die Ehre und den Ruhm, die ihm gebühren.

WA 54,408 (1545)

Zieh einher, der Wahrheit zugut und die Elenden bei Recht zu erhalten, so wird deine rechte Hand Wunder beweisen.

Wo ist das Glück? Nur im Geist! Weiche nicht vor dem Übel, sondern greif es um so kühnlicher an! Halte aus, laß dich nicht zerbrechen durch Verachtung und Undank von außen und nicht durch wütenden Aufruhr von innen, sondern gedenke: »Wenn ich schwach bin, so bin ich stark« (2. Korinther 12,10). Wenn ich unterdrückt werde, so erhebe ich mich, wie die Palme tut, die sich aufrichtet unter der Last. So meinten wir auch zu Augsburg (1530), wir müßten untergehen, aber daselbst haben wir uns am meisten erhoben (Verkündigung des Augsburger Bekenntnisses). So geht es auch in der Traurigkeit: wenn wir der Verzweiflung am nächsten sind, dann erhebt sich die Hoffnung am meisten. So geht es auch heutzutage: wenn die Verachtung des Wortes und der Überdruß an ihm am größten ist, dann fängt die Herrlichkeit des Wortes an. Darum wollen wir diesen Vers verstehen vom unsichtbaren Fortgang und Erfolg, denn unser König (Christus) hat Glück und Erfolg, auch wenn du es nicht siehst. Es wäre auch nicht gut, wenn wir den Erfolg sähen, denn dann würden wir uns aufblähen. Nun aber richtet er uns durch den Glauben auf, so daß wir hoffen, auch wenn wir keine Frucht des Wortes sehen. Aber weil es hier geschrieben steht, sollen wir gewiß sein, daß die Frucht nicht ausbleiben, sondern gewißlich folgen wird, wenn nur wir uns nicht beirren lassen durch die Gegenwart, die uns bedrückt, sondern vielmehr auf diese Verheißungen sehen. Christen müssen nach dem Exempel unseres Herrn Christus schwach und verächtlich sein. Sie sollen mit ihren Wohltaten nichts verdienen als nur tiefste Verachtung und größten Undank. – Christus ist ein solcher König, der Erfolg, Glück und Sieg haben will, wenn nicht hier und jetzt, so doch anderswo und zu anderer Zeit.

WA 40II,502f (1532)

Scharfe Pfeile

Scharf sind deine Pfeile, daß die Völker vor dir niederfallen.

Das Wort ist der Pfeil. – Es liegt ein Nachdruck auf diesem Bild, es meint kein gewöhnliches, sondern ein ganz scharfes Wort, das durchdringt und die Seele trifft. So sagten sie auch von Christus (Matthäus 7,29): Das Vok entsetzte sich über seine Lehre, denn er predigte gewaltig und nicht wie die Schriftgelehrten. Die lehrten gleichsam verschlafen. So ist auch Erasmus zwar sonst sehr beredt, aber in der Theologie schreibt er so kalt und dumm und bleiern, daß er nichts Ernsthaftes ausrichtet, so daß es weder haftet noch trifft. Es trifft und verwundet nicht, es hinterläßt keinen Stachel in der Seele der Leser. Christi Wort aber dringt durch und verwundet, es reißt alles falsche Vertrauen weg und schreibt die Erlösung allein dem Blute Christi zu. Das trifft und verwundet die Seele, aber solche Verwundung ist heilsam . . . Das Niederfallen (vor dem Wort) ist der glückseligste Fall und Sturz ins Heil. Die zuvor unglückselig aufrecht standen im Vertrauen auf ihre eigene Gerechtigkeit, die liegen nun glückselig darnieder in der Gerechtigkeit Christi.

WA 40II,508f (1532)

Gegen das vierte Gebot? PSALM 45,11

Vergiß deines Volkes und deines Vaters Haus!

Scheinbar redet dieser Vers aufrührerisch gegen das vierte Gebot, gleich als wenn jemand lehrte, man soll dem Fürsten keine Steuer geben, welches eine Aufreizung zu Aufruhr und Umsturz ist. So verkündigt dieser Vers hier das Vergessen des väterlichen Hauses als allerhöchsten Gottesdienst, wo doch das vierte Gebot, das von Gott gegeben ist, die Eltern ehren lehrt. Hierauf aber antworte du folgendermaßen: Die Eltern ehren und dem Fürsten gehorchen ist gut und recht, aber Gott ist beiden vorzuziehen, und ihm muß man mehr gehorchen. Wenn darum der Fall eintritt, daß man entweder den Vater oder Gott fahren lassen muß, dann sprich: Fahre hin, Vater, mitsamt dem vierten Gebot und der ganzen zweiten Tafel, ich weiß nichts von dir, sondern habe dich völlig vergessen. Denn jetzt geht es nicht um das vierte Gebot und die zweite Tafel, sondern um die erste Tafel, ob Gott wahrhaftig ist, ob ihm die Ehre gebührt, ob Gottes Sohn zu hören sei. Laß mir dies erst ungeschmälert, so will ich hernach auch dich ehren, so tief ich nur kann. *WA 40II,578 (1532)*

Ein feste Burg

PSALM 46,8

Der Herr Zebaoth ist mit uns.

Ein feste Burg ist unser Gott,
ein gute Wehr und Waffen.
Er hilft uns frei aus aller Not,
die uns jetzt hat betroffen.
Der alt böse Feind,
mit Ernst ers jetzt meint:
groß Macht und viel List
sein grausam Rüstung ist.
Auf Erd ist nicht seinsgleichen.

Mit unsrer Macht ist nichts getan.
Wir sind gar bald verloren.
Es streit't für uns der rechte Mann,
den Gott hat selbst erkoren.
Fragst du, wer der ist?
Er heißt Jesus Christ,
der Herr Zebaoth.
Und ist kein anderer Gott,
das Feld muß er behalten.

WA 35,455f (1528)

Gottes roher Stoff

PSALM 46,11

Seid stille und erkennet, daß ich Gott bin.

Hier ist Geduld und Hoffnung vonnöten; denn hier tritt man in die Finsternis ein, da der Mensch nicht mehr wirken kann, sondern sich den wunderlichen Weg des Leidens führen lassen muß. Wenn du leidest, so wirkst du nicht, sondern ruhst und Gott wirkt in dir. Du aber weißt nicht, was und warum du leiden mußt und bist nichts als Gottes roher Stoff. Das meint der Psalmist: Seid leer oder stille und sehet, daß ich Gott bin. Hier regiert allein die Hoffnung in der Liebe durch den Glauben. Augustin sagt darum mit Recht, der Dienst und die Verehrung Gottes bestehe in Glauben, Hoffnung und Liebe. *WA 1,471 (1518)*

In ewigem Schutz

PSALM 48,9

Gott erhält dieselbige (Stadt) ewiglich.

Er bereitet sie, das bedeutet soviel wie: Er festigt sie. Es bedeutet nicht allein Schutz, sondern alles, was zumal im Frieden zur Gewalt der Obrigkeit gehört: Polizei, Ämter, Leute, Reichtum, Früchte. – Dennoch geht das Lob in Zion still zu. Wir sind still und denken an deine Barmherzigkeit und pochen nicht auf menschlichen Schutz. Psalm 4,5 steht geschrieben: »Redet mit euern Herzen auf euern Lagern und schweiget.« »Durch Stillesein und Hoffen werdet ihr stark sein« (Jesaja 30,15). Das meint er hier auch. Man soll in der Stille warten, unser Affekt soll sein: Gott, wir halten uns an deine Güte. Es sind die zwei, die es tun: Stillesein und Hoffen. – Harret doch, er wird doch gewiß kommen. Es ist ein feiner Spruch. Nicht Waffen, nicht Rosse tuns (Psalm 33,17f). Es soll vielmehr heißen, wie Psalm 5,8 geschrieben steht: »Auf die Menge deiner Barmherzigkeit traue ich« (lat. Übersetzung).

WADB 3,48 (1531)

Unsere Grenze — PSALM 49,8.9

Kann doch ein Bruder niemand erlösen noch Gott jemand versöhnen. Denn es kostet zuviel, ihre Seele zu erlösen, daß ers muß lassen anstehen ewiglich.

In Psalm 49 steht geschrieben: »Ein Bruder kann einem Bruder nicht helfen.« Als wollt' er sagen: Wie sollte ich einem Menschen fürchten oder ihm trauen, da sich ein Mensch nicht einmal selber helfen kann, auch wenn er sich noch so hochmütig rühmt? Hernach erzählte Luther von der Prangerei des Triumphbogens für Papst Hadrian, der in Bildern seine Ehrentitel anzeigte und auf dem die beiden Städte Utrecht und Löwen abgebildet waren. Über
dem die beiden Städte Utrecht und Löwen abgebildet waren. Über
dem einen stand geschrieben: Ich habe ihn gepflanzt, denn Utrecht war seine Heimatstadt. Auf dem andern: Ich habe ihn begossen, denn in Löwen hatte er den Studien obgelegen. Und der Kaiseradler oben drüber sagte an: Ich (der Kaiser) habe das Gedeihen gegeben. Da schrieb jemand heimlich dazu: Gott hat hierbei (offenbar) nichts getan! (Vgl. 1.Korinther) *WATR 5,573*

Der Weg zum Heil

Psalm 50,23

Wer Dank opfert, der preiset mich, und da ist der Weg, daß ich ihm zeige das Heil Gottes.

Vor Gott kann sich kein Fleisch rühmen, sondern Gott allein ist rühmenswert, wir aber sind der Schande wert. Dann aber wird Gott recht geehrt, wenn wir uns selber zuschanden machen und ihm alles Lob und alle Ehre und alles, was in uns ist, zuschreiben. Wenn wir Gott geben, was ihm gebührt, und uns reservieren, was uns gebührt, dann reservieren wir uns nichts. Denn dieses Nichts ist das Unsere, Gott aber gehört alles; und von ihm haben wir es empfangen. Solch Bekenntnis aus so wahrhaftigem Herzen ist das rechte Dankopfer und besteht darin, daß wir uns Gott mit allem, was wir sind, schuldig bekennen und uns selber gar nichts übrig lassen. Und dies sollen wir nicht allein im Herzen bekennen, sondern auch mit der Tat, so daß unsere Werke bezeugen, daß wir für uns selber nichts sind und nichts aus uns machen. Aus diesem Grund müssen notwendig alle Heiligen vor Gott über sich selber nur schlecht denken und reden, ja nichts von sich halten.

WA 3,282 (1513/16)

Schaffe in mir, Gott, ein reines Herz und gib mir einen neuen gewissen Geist.

Damit meint der Psalmist nicht ein Werk eines Augenblicks, sondern die Fortsetzung des von Gott begonnenen Werkes, als wollt er sagen: Du hast dein Werk in mir angefangen, denn ich traue deiner Barmherzigkeit; darum führe nun hinaus, was du begonnen hast; befestige, Gott, was du in mir gewirkt hast. Denn nicht wer angefangen hat, sondern »wer beharrt bis ans Ende, der wird selig« (Matthäus 10,22). –
Wir lehren und glauben von der Gnade ganz anders als die Sophisten. Sie ist nämlich ein beständig währendes Tun oder eine Übung, in welcher wir durch Gottes Geist gezogen und getrieben werden, damit wir seinen Verheißungen nicht ungläubig gegenüberstehen, sondern denken und tun, was Gott angenehm ist und ihm gefällt. Denn der Geist ist ein lebendig, kein tot Ding. Gleichwie aber das Leben niemals stille steht, sondern, solang es da ist, immer etwas tut – selbst im Schlaf ruht es nicht, sondern fördert das Wachstum des Leibes wie bei den Kindern oder es macht sich in andern Lebensregungen des Leibes wie Atem oder Puls bemerkbar – gleichermaßen ruht in den Frommen auch der heilige Geist niemals, sondern tut immer irgend etwas für das Reich Gottes.
Es steht aber nicht in unserer Gewalt, solch Herz zu bekommen, sondern ist allein göttliche Schöpfung. Darum hat der Geist das Wort »schaffen« gebraucht. – Wir erfahren ja, wie oft wir durch plötzliche Ängste und Traurigkeit befleckt werden. Darum kann ein solches Gebet um Schaffung und Erhaltung des reinen Herzens niemals aufhören. *WA 40II, 422–424 (1532)*

Gottes Gewalt

Psalm 54,3

Hilf mir, Gott, durch deinen Namen und schaffe mir Recht durch deine Kraft.

Welches ist die Kraft (Gewalt) Gottes, durch die er uns rettet? Es ist dieselbe Kraft, die den Juden ein Ärgernis, den Griechen eine Torheit ist, nämlich Schwachheit, Leiden, Kreuz, Verfolgung und dergleichen. Dies sind die Waffen Gottes, seine Kraft und Gewalt, durch die er uns rettet und richtet und unterscheidet von denen, die anders denken. Denn nach dem Apostel (1.Korinther 1,25) ist die göttliche Torheit weiser als die Menschen sind und die göttliche Schwachheit stärker als die Menschen sind. Weil die Welt dies nicht weiß, daß Geduld, Demut, Kreuz und Verfolgung die eigentliche Kraft und Weisheit ist, darum wird sie in diesem Punkt von den Heiligen gerichtet und unterschieden durch ihre Torheit. Den Heiligen aber ist der gekreuzigte Christus Kraft und Weisheit, denn durch sein Kreuz und Leiden triumphiert er über alle Kraft des Teufels. Darum ist dies die wahre Kraft Gottes, bei den Menschen aber ist sie Schwachheit. – Damit unterscheide ich mich von denen, die sich nicht deines (Gottes), sondern ihres eigenen Namens und ihrer Kraft rühmen. *WA 3,301 (1513/16)*

Gegen den Sorgengeist

PSALM 55,23

Wirf dein Anliegen auf den Herrn.

Ich hasse deine elenden Sorgen aufs grimmigste, in denen du dich, wie du schreibst, verzehrst und die in deinem Herzen so herrschen. Sie kommen nicht von der Größe der Sache, sondern nur von der Größe unsers Unglaubens. Denn dieselbe Sache war bei Johannes Hus und anderen größer als bei uns. Und wäre sie auch groß, so ist doch auch der groß, der sie treibt und angefangen hat; denn es ist ja nicht unsere Sache. Warum also zerfleischst du dich so dauernd und ohne Unterlaß? Ist die Sache falsch, so laßt uns widerrufen. Ist sie aber recht, warum machen wir dann den zum Lügner, der uns mit so gewaltigen Verheißungen geboten hat, einen ruhigen Geist zu bewahren und zu schlafen? Er spricht: »Wirf dein Anliegen auf den Herrn.« »Der Herr ist nahe allen, die ihn anrufen« (Psalm 145,18). Redet er solches in den Wind oder wirft ers vor die Säue? Ich bin ja auch manchmal gequält, aber doch nicht dauernd. Deine Philosophie ist es, die dich so plagt, nicht die Theologie.

Brief an Melanchthon vom 27.6.1530.
WAB 5,399

Der die Tränen zählt — Psalm 56,9

Fasse meine Tränen in deinen Krug; ohne Zweifel, du zählst sie.

Den Gläubigen müssen alle Dinge zum Guten, ja zur Ehre dienen, auch die allergeringsten, unsaubersten und verachtetsten. Denn sie wissen, daß Gott an ihnen Freude hat. Er preist und lobt nicht allein die großartigen und herrlichen Tugenden der Heiligen, sondern auch die allerkleinsten Werke. Denn sie sind Werke Gottes, darum freut sich Gott an denselben, ob sie groß oder sehr klein sind, zu unserem sehr großen Trost, wie geschrieben steht (Psalm 147,11): »Der Herr hat Gefallen an denen, die ihn fürchten, die auf seine Güte hoffen.« Desgleichen in Psalm 56,8 spricht David: »Du stellst meine Tränen vor dich und zählst alle meine Fluchtwege.«

Wie aber? Hat er nicht anderes zu tun, als Davids Tränen und Fluchtwege zu zählen? Ist er nicht vielmehr mit der Weltlenkung beschäftigt und mit dem Anhören des Lobpreises der Engelchöre, der kein Ende hat? Was kann man Merkwürdigeres sagen? Und dennoch ist es wahr: Gottes Sorge ist auch dies, daß er die Tränen und Fluchtwege Davids zählt. – Aber höre Christus, der machts noch besser! »Nun aber sind auch eure Haare auf dem Haupt alle gezählt, ihr sollt nicht ein Haar verlieren« (Matthäus 10,30). Was ist nun wohl geringer und unwerter am ganzen menschlichen Leib als Haare und Nägel? Und dennoch sind auch sie gezählt und dem Vater im Himmel wert. *WA 43,618f (1535/45)*

Schütte dein Herz aus

Schüttet euer Herz vor ihm aus; Gott ist unsre Zuversicht.

Gott bleibt fest, also verlaßt euch auf ihn zu beiden Zeiten, es sei Glück oder Unglück. Fehlt euch aber etwas, wohlan, da ist guter Rat: Schüttet euer Herz vor ihm aus, klaget nur frei, verberget ihm nichts. Es sei, was es wolle, so werfts mit Haufen heraus vor ihn, wie ihr einem guten Freunde euer Herz ganz und gar eröffnet. Er hörts gerne, will auch gerne helfen und raten. Scheuet euch nicht vor ihm und denket nicht, es sei zu groß oder zu viel. Er ist größer und vermag und will auch mehr tun, als unser Mangel ist. Stückelts ihm nur nicht, er ist nicht ein Mensch, dem man mit Betteln und Bitten zuviel tun könnte. Je mehr du bittest, desto lieber hört er dich. Schütte nur rein und alles heraus, tröpfle und zipfle nicht, denn er wird auch nicht tröpfeln und zipfeln, sondern mit Sintflut dich überschütten. Er ist unsre Zuversicht, unsre Zuflucht und sonst niemand. *WA 19,578 (1526)*

Rechte Besinnung vor Gott PSALM 63,7

Ich gedachte dein auf meinem Lager und meditierte vor dir in der Frühe.

Er spricht: »Ich gedachte dein auf meinem Lager« (lat. Übersetzung). Denn die abendliche Besinnung und Erinnerung hilft viel zur morgendlichen Reinheit, gleichwie auch abendliche Zerstreuung der morgendlichen Besinnung sehr hinderlich ist. Denn der Gedankenrest vom Abend zuvor feiert am andern Morgen Festtag. Darum reimt es sich fein zusammen, daß er, nachdem er gesagt hat: »Ich gedachte dein auf meinem Lager«, alsbald hinzufügt: »und meditierte vor dir in der Frühe«. Denn die morgendliche Meditation geht um so leichter vonstatten, je fleißiger das abendliche Besinnen war. Aber, ach, wie sehr kehrt der Teufel heutzutage dies alles in allen Ständen um! Saufereien, Leichtsinn, Geschwätz, Spiel und andere Ungeheuerlichkeiten werden heutzutage meistens am Abend getrieben. Um so schlechter betet und zelebriert man dann am Morgen und kommt gänzlich herunter. Darum merke, daß der Prophet das Gedenken dem Abend und die Meditation der Frühe zuteilt. *WA 3,362 (1513/16)*

Gottes Werk erkennen

PSALM 64,10

Alle Menschen werden sich fürchten und sagen: Das hat Gott getan! und erkennen, daß es sein Werk ist.

Sie verstanden das Werk der Erlösung durch Christus und das ganze Lebenswerk Christi. Sie verstanden, daß Gottes Werk Gericht und Wahrheit und Billigkeit ist, nicht nur Schatten und Eitelkeit. Denn die fleischlichen Juden erwarten vom Herrn nur sichtbare und für dies schattenhafte Leben heilsame Werke. Gottes Werke aber sind geistlich und wirken das ewige Leben. Darum können sie von ihnen nicht verstanden werden, sondern allein von den Aposteln und Gläubigen. Darum heißen seine Werke auch Wahrheit. Denn Gottes Werke sind zum Verstehen bestimmt, d.h. nur mit Verstand und Glauben zu fassen, in Hoffnung, aber nicht in greifbarer Wirklichkeit. Denn wer nur seinen Sinnen folgt, muß sich notwendigerweise am Kreuz Christi und Gottes Kirchenleitung ärgern, wenn er in diesem Leben nichts als Strafen und Entbehrungen in ihr sieht. Dadurch aber wird ihm das Kreuz Christi zum Ärgernis. Wenn uns daher Gottes Weisheit nicht als Torheit erscheinen soll, ist Verstand vonnöten. Auch Gottes Werke an denen, die böse leben, sind in diesem Leben allein solchem Verstand zugänglich. Denn nach dem Geist sind sie zwar vor Gott verdammt, aber nach dem Fleisch läßt ihnen Gott das Leben. Insofern sind Gottes Werke Wahrheit nur für die Heiligen und Gericht für die Gottlosen. *WA 3,367f (1513/15)*

Der unerschöpfliche Brunnen — Psalm 65,10

Gottes Brunnen hat Wassers die Fülle.

Wie ein Quellborn immer Wasser hat und nicht abnimmt, weil er nicht von Menschen, sondern von Gott sein Wasser hat, so ist auch eines Frommen Häuslein oder Gütlein ein rechter Quell, von Gott gegeben und erhalten, der genug hat und nicht versiegt noch vertrocknet. Wo jetzt etwas aufgeht und verzehrt wird, da wächst ihm bereits Neues fürs andre Jahr und quillt immer aus der Erde wie aus einem ewigen Brünnlein von einem Jahr zum andern. Darum sollt ein jeglicher über sein Häuslein oder Gütlein diesen Vers schreiben und Gott damit danken, daß er solch Brünnlein hat, das Gott selbst macht und gibt und sein Brünnlein heißt, weil es nicht durch Menschenarbeit noch -mühe erworben und erhalten wird, sondern von ihm beschert und geschenkt ist und so auch immer voll bleibt und quillt, so daß man ihm das Wasser nicht nehmen kann, obgleich es klein und gering ist und der Teufel und böse Nachbarn es ihm nicht gönnen. Sonst, wenn es von Menschen erworben werden sollte, wäre es bald verdorben und verwüstet.

WA 37,448 (1534)

Gottes Segen

Gott sei uns gnädig und segne uns.

Es wollte Gott uns gnädig sein
und seinen Segen geben!
Sein Antlitz uns mit hellem Schein
erleucht zum ewgen Leben,
daß wir erkennen seine Werk
und was ihm (be)liebt auf Erden
und Jesu Christi Heil und Stärk
bekannt den Heiden werden
und sie zu Gott bekehren.

So danken Gott und loben dich
die Heiden überalle.
Und alle Welt, die freue sich
und sing mit großem Schalle,
daß du auf Erden Richter bist
und läßt die Sünd nicht walten.
Dein Wort die Hut und Weide ist,
die alles Volk erhalten,
in rechter Bahn zu wallen.

Es danke Gott und lobe dich
das Volk in guten Taten.
Das Land bringt Frucht und bessert sich,
dein Wort ist wohl geraten.
Uns segne Vater und der Sohn,
uns segne Gott der heilge Geist,
dem alle Welt die Ehre tu,
vor ihm sich fürchte allermeist.
Nun sprecht von Herzen: Amen!

WA 35,418 (1524)

Der Todesüberwinder

PSALM 68,21

Gott legt uns eine Last auf, aber er hilft uns auch. Wir haben einen Gott, der da hilft, und den Herrn, Herrn, der vom Tode errettet.

Es wäre vergebens gewesen, wenn er sich mit uns so beladen hätte, daß er nur für sich allein den Tod überwunden hätte. Aber nun hat er solchen Sieg uns gegeben und uns zugut Sünd und Tod überwunden, auf daß wir, die unter dem bösen Geist in Sünde und Tod gefangen und ohne Herr und Gott waren, hinfort einen eigenen Herrn, einen eigenen Gott hätten, der uns so regiert, daß wir durch ihn selig werden und dem Tod entgehen. Was begehren alle Menschen hitziger, als daß sie den Tod loswerden? Nun ist dieser Gott uns zu einem solchen Herrn und Gott geworden, um aus dem Tod zu gehen und selig zu werden, wie alle Menschen begehren. Und sein Regiment ist, wie dieser Vers sagt, nichts anderes als Seligmachen und ein Herrgott sein, damit wir vom Tod ausgehen. Er spricht nicht, daß wir nicht sterben, sondern daß wir aus dem Tode sollen. Sollen wir aber aus dem Tode gehen, so müssen wir zuvor hineinkommen, ehe wir herausgehen können. So stößt er die Seinen alle aufs allerschmählichste in den Tod, und allda wird er ihnen zu einem Gott und Herrn, um aus dem Tod zu gehen. Das heißt ein Gott der Beseligung und ein Herr der Todesausgänge.

WA 8,22 (1521)

Gebet unter Tränen

PSALM 69,17

Erhöre mich, Herr, denn deine Güte ist tröstlich.

Man kann die Güte des Herrn nicht groß machen und gut heißen, wenn man nicht zuvor auch sein Elend groß macht und bös heißt und als solches erkennt. Darum soll all unser Trachten dahin gehen, unsere Sünden groß und schwer zu machen. Denn je tiefer sich einer verdammt und seine Sünden groß macht, desto geeigneter wird er für die Güte und Gnade Gottes. Darum will der Apostel nicht, daß wir in irgendeinem Punkt Gefallen an uns selber haben (Römer 15,1), sondern daß wir uns durchaus und in allen Dingen mißfallen. – Vor allem aber sollst du bitterlich darüber weinen, daß du vor lauter Herzenshärtigkeit solches gar nicht fühlst noch davon bewegt und betroffen bist, obwohl jedes einzelne Unterlassen schon so schrecklich ist, daß man es mit allen Tränen der Welt nicht ausreichend beweinen kann. Wenn du nun aber nicht darüber seufzen kannst, so seufze wenigstens darüber, daß du es nicht kannst, weine darüber, daß du nicht weinen kannst, sei traurig darüber, daß du nicht traurig sein kannst, demütige dich, weil du nicht demütig sein kannst, fürchte dich, weil du dich nicht fürchten kannst und so fort in allen Stücken. Vielleicht sieht die göttliche Güte solches dann an und macht sich selber an dir groß.

WA 3,429 (1513/16)

Wahre Scham

PSALM 70,3

Es müssen sich schämen und zuschanden werden, die nach meiner Seele stehen.

Es ist ihm nicht genug, zu sagen: Sie müssen zuschanden werden, sondern er fügt noch hinzu: Sie müssen sich schämen. Denn er wünscht ihnen nicht allein die nackte und unfruchtbare Schande, sondern daß sie diese verstehen und sich schämen. So hören wir ja auch alle Gottes Wort, hören von den Exempeln der Heiligen und sehen allerlei Leute, die besser sind als wir. Dies alles gereicht uns zur Schande, aber dennoch schämen wir uns nicht. Darum bittet er hier um beides, daß sie zuschanden werden und daß sie sich schämen, damit wir nicht die freche Stirne der Hure haben, die sich in ihrer Schmach und Schande noch brüstet und nicht schämt. Darum müssen wir dies in aller Andacht für uns selber beten, denn wir werden wohl im einzelnen zuschanden, aber wir scheuen und schämen uns nicht, weil wir mitten in unserer Schande sie doch nicht erkennen. Denn wir vergessen uns selber und Gott. Niemand aber kann sich ohne Schande und Scham seiner selbst und Gottes erinnern.

WA 3,442f (1513/16)

Der König der Armen

PSALM 72,12

Er wird den Armen erretten, der da schreit, und den Elenden, der keinen Helfer hat.

Zuvor hat er gesagt: Die reichen Könige und die Gewaltigen werden Geld und Gut geben. Jetzt verbessert er sich alsbald, damit wir nicht von einem leiblichen Reich träumen sollen, als wollt er sagen: versteh es nicht so, als gäbe er selber Geld und Gut; denn er ist arm, man muß ihm geben. Aber er ist dazu ein König und das ist seine endliche Meinung, den Armen zu erretten. Sein Reich ist dahin gerichtet, daß er die Elenden rette, die seufzen, schreien und nichts haben. Deren Erretter, Erlöser und Helfer will er sein. All seine Werke gehen dahin, daß er den Geringen gnädig sei, und ihr Blut ist bei ihm teuer geachtet. Da hörst du, welcher Art sein Reich ist: es kostet Blut. Wo das Evangelium angeht, kommt das Blut hernach. Wenn wir nicht geköpft werden, so doch unsre Schüler und Brüder, und wir haben derweil auch unser Kreuz und Elend. Da hat unser König wohlzutun, der der Bettler König ist. Denn der Teufel plagt uns im Herzen und martert uns auch äußerlich mit Stock und Kerker. Aber dennoch, was tuts, wenn sie auch leiden und ihr Blut vergießen müssen? Ihm ists doch ein lieb und teuer Blut. Das soll einen trösten. *WA 49,39 (1540)*

Der neidische Blick — PSALM 73,3

Ich ereiferte mich über die Ruhmredigen, als ich sah, daß es den Gottlosen so gut ging.

Ich wäre beinah gestrauchelt und meine Tritte wären beinahe geglitten, da ich sah, daß es den Gottlosen so wohl ging, und ich mich über sie ereiferte. Die Gottlosen in dieser Welt werden reich. – Warum haben die Gottlosen Glück und geht es den Übeltätern und Übertretern so wohl? Warum sonst schüttet er so viele Güter über sie aus und verliert sie an sie, als daß er uns damit trösten und anzeigen will, wie gütig er denen ist, die reines Herzens sind? Der gegen die Bösen so gut ist, wieviel mehr wird er den Guten gut sein! Freilich, die Bösen plagt er mit kleinem Übel, aber die Guten versucht er mit vielen Übeln, damit sie merken, daß er nicht allein mit gegenwärtigen, sondern auch mit verborgenen und künftigen Gütern gut ist und sie mit demselben Psalm sprechen: Für mich ist es gut, daß ich mich zu Gott halte und meine Zuversicht setze auf den Herrn Gott (V. 28). Als wollte er sagen: Auch wenn ich etwas leiden muß, wovon ich jene ungeplagt sehe, so vertraue ich doch, daß Gott gegen mich viel gütiger ist als gegen sie. So können die sichtbaren Güter der Bösen uns ein Anreiz sein, auf die unsichtbaren Güter zu hoffen und die Übel, die wir leiden, so verachten, gleichwie auch Christus spricht, indem er uns die Vögel unterm Himmel und die Lilien auf dem Felde ansehen heißt: »So denn Gott das Gras auf dem Felde also kleidet, das doch heute steht und morgen in den Ofen geworfen wird, sollte er das nicht vielmehr euch tun, o ihr Kleingläubigen!« (Matthäus 6,30)

WA 6,129 (1520)

Tut Gelübde dem Herrn, eurem Gott, und haltet sie.

Das Gewissen gehört Christus und Christus dem Gewissen. In das heimliche Gemach dieses Bräutigams und seiner Braut soll niemand eindringen. Ob du mit den Türken dich des Weins enthältst oder mit den Christen Wein trinkst, gilt gleichviel, wenn du nur mit freiem Gewissen trinkst. Auch Paulus ist mit ganz freiem Gewissen den Heiden ein Heide, den Juden ein Jude geworden. Mit den einen war er enthaltsam und hielt die Beschneidung, mit den andern aß er und hielt die Beschneidung nicht. Wenn du darum ein Mönchsgelübde tust, um bei derartigen Menschen mit einem Gewissen zu leben, das damit keinerlei Vorteil oder Nachteil bei Gott sucht, sondern nur weil entweder der Zufall dir diese Lebensweise angeboten hat oder du ebenso leben möchtest, ohne daß du dich deshalb für besser hältst als einer, der ein Weib genommen hat oder Bauer geworden ist, dann ist dein Gelübde nicht schlecht. Denn wenn die Liebe einmal fordern sollte, das Gelübde fahrenzulassen, dann wirst du nicht ohne Sünde hartnäckig an ihm festhalten. *WA 8,610 (1521)*

Leiden als Gottes Werk — PSALM 77,20

Dein Weg war im Meer und dein Pfad in großen Wassern, und man spürte doch deinen Fuß nicht.

Dazumal, am Roten Meer, war deine Kraft offenbar, deine Wunder waren sichtbar und alle konnten die Fußtapfen deiner Kraft erkennen. Jetzt aber, wo du im Geist und im Verborgenen, nicht mehr im Buchstaben und offenbar, wirkst, sind deine Werke so verborgen und heimlich, daß man sie auf keine andere Weise als allein durch den Glauben fassen kann. Ja, wenn es uns der Glaube nicht lehrt, daß dein Leiden so große Werke tut, dann sieht es sich vielmehr an, als wärens die Werke des allerschwächsten Menschen. Denn was heißt Leiden? Sollt Leiden Gottes Werk sein? Darum versteht nur der Glaube, daß der Teufel überwunden, der Tod getötet und der Himmel offen ist; die Vernunft versteht das nicht. Denn er hat seine Werke in die Schwachheit des Leidens verhüllt, gleichwie er seine Gottheit in die Menschheit verhüllte. Durch Glauben will er auch die Vernunft verhüllen und die Weisheit der Welt zur Torheit machen. *WA 3,548(1513/16)*

Kein Friedensbringer

PSALM 78,31

Da kam der Zorn Gottes über sie und brachte ihre Vornehmsten um und schlug die Besten in Israel nieder.

Ich kann nur eins tun: Um Gottes Barmherzigkeit beten. Ich weiß wohl, daß künftig ein furchtbarer Tumult droht, wenn Gott den Teufel nicht hindert. Ich kenne seine arglistigen Gedanken an mein und vieler Leute Unglück sehr wohl. Aber was willst du? Man hat das fromme Wort noch niemals ohne Durcheinander, Tumult und Gefahr behandeln können. Denn es ist ein Wort von unendlicher Majestät, tut große Dinge, ist wunderlich in der Höhe und im Hohen: Er brachte ihre Vornehmsten um. Man kann also nur entweder an Frieden und Ruhe verzweifeln oder das Wort verleugnen. Es ist der Krieg des Herrn, der nicht gekommen ist, Frieden zu bringen. Darum hüte dich, jemals zu hoffen, Christus bringe seine Sache auf Erden in Frieden und Annehmlichkeit voran. Du siehst ja, daß er selbst bis aufs Blut gekämpft hat. Und so auch alle Märtyrer nach ihm. *Brief an Spalatin (1520). WAB 2,41*

Er ist mit dir im Gefängnis

PSALM 79,11

Laß vor dich kommen das Seufzen der Gefangenen.

Seinem verehrungswürdigen Bruder in Christus,
Doktor Leonhard Keyser,
Gefangenen Christi und Christi treuem und lieben Knecht!
Gnade, Kraft und Friede in Christus!

Dein alter Mensch ist nun gefangen, mein lieber Leonhard, weil Christus, dein Heiland, es will und dich dazu berufen hat, der auch seinen neuen Menschen für dich und deine Sünden in die Hände der Gottlosen gegeben hat, auf daß er mit seinem Blut dich zum Bruder und Miterben des ewigen Lebens gewönne. Wir tragen Leid um dich, bemühen uns und beten, daß du frei werdest, damit du, nicht um deinetwillen, sondern um der andern willen, zu Gottes Ehre leben könntest, so Gott will.
Wenn es aber Gottes Wille ist, daß du nicht frei wirst, so siehe als ein im Geist dennoch ganz und gar Freier zu, daß du tapfer und beständig die Schwachheit des Fleisches überwindest oder sie doch wenigstens erträgst durch die Kraft Christi: Er, der mit dir im Gefängnis ist, wird auch in jeglicher Anfechtung bei dir sein, wie er ja treulich und tröstlich in seinem Wort verheißt: »Ich bin bei ihm in der Not.«
Daraus tut not, daß du im Vertrauen im Gebet zu ihm rufst und mit tröstlichen Psalmen dich aufrichtest und im Wüten des Teufels dich aufrecht hältst, auf daß du stark werdest im Herrn und nicht weich und bescheiden redest vor dem Rachen des Todes, als wärst du überwunden und fürchtest du des Teufels Hochmut. Rufe vielmehr Christus an, der überall gegenwärtig und mächtig ist, und verlache des Teufels Wut und Anfechtung und sei gewiß: Er kann dir nicht schaden, je mehr er wütet, desto weniger, gleichwie Paulus spricht (Römer 8,31): »Ist Gott für uns, wer kann wider uns sein?« Es ist alles unter seine Füße getan und er, der allenthalben angefochten war, kann denen beistehen, die angefochten sind.

Darum, mein lieber Bruder, sei stark in dem Herrn und in der Macht seiner Stärke, auf daß du, ob du nun frei wirst oder nicht, den väterlichen Willen Gottes über dir erkennst, ertragest, liebst und lobest in einem feinen Herzen. Daß du solches dem Evangelium zu Lobe leiden könntest, gebe der Vater unsres Herrn Jesus Christus, der Vater der Barmherzigkeit und Gott allen Trosts nach dem Reichtum seiner Gnade. Amen.
In ihm lobe wohl und bete auch für uns!

Brief an Leonhard Käser (Keyser) vom 20. 5. 1527.
L. Käser wurde am 27. 8. 1527 in Passau verbrannt.
WAB 4,1107

Tue deinen Mund weit auf, laß mich ihn füllen!

Mein Lob soll immerdar in deinem Munde sein. Lerne bei mir, pflanze mich in die Seelen der andern, laß nichts laut werden als mich und mein Wort. Aber auch das bleibt ein Imperativ und kann in der Praxis nicht in den Indikativ gebracht werden. Wir sehens unterm Papsttum: Man hat tausend Bücher geschrieben zur Verehrung der Heiligen, über Verdienste unsrer Werke, über Mönchsregeln – aber keine Silbe von Christi Verdienst und unserer Erlösung, wie auch folgt »Aber mein Volk hat nicht auf mich gehört« (Vers 12). Die Götzenbilder gefallen ihm besser. Denn so ist der menschliche Geist: Allen andern Nichtigkeiten und Eitelkeiten kann er leichter glauben und trauen als dem wahren Gott. Einer Kutte haben wir getraut, aber dem wahren Gott, der uns die Vergebung umsonst verheißt, können wir nicht trauen. – Ja, wenns Fremde wären, die keinerlei besondere Wohltaten von mir empfangen hätten und aus keinerlei besonderem Unglück von mir errettet worden wären! – So hab ich sie gelassen in ihres Herzens Dünkel – denn sie wollten nicht an Christus glauben, der ihnen seine Gnade umsonst verheißt und anbietet, sondern den erdichteten Fürbitten der Heiligen. – Und es ist doch das Allerschwerste, von seinem solchen Regierer fahren und allein gelassen zu werden und jedem Wind eines Irrtums, allem Betrug des Teufels ausgesetzt zu sein. *WA 31I,529 (1530/32)*

Gott, mache dich auf und richte die Erde, denn du bist Erbherr über alle Heiden.

Es will doch nirgends voran mit dem weltlichen Regiment. Die Leute sind zu böse und die Herren schänden Gottes Namen und Wort immer für und für, weil sie ihre Gottheit so schändlich mißbrauchen. Darum bittet er um ein ander Regiment und Reich, in dem es besser zugeht, in dem man Gottes Namen ehrt, sein Wort hält und ihm dient, d.h. um Christi Reich. Darum spricht er: Ach, Gott, komm doch du selber und sei Richter auf Erden, sei du selbst König und Herr. Es ist mit den Göttern verloren, denn dir gebührt auch das Reich unter allen Heiden in der ganzen Welt, weil es in der Schrift so verheißen ist. – Das ist das Reich Jesu Christi, das ist der rechte Gott, der gekommen ist und selbst richtet, d.h. er ist der Oberherr in aller Welt.
Er fördert Gottes Wort und die Prediger, er schafft und hält das Recht für die Armen, er straft die Gottlosen und Tyrannen.
So sehen wir, daß über der weltlichen Obrigkeit Weisheit und Gewalt, wiewohl dies auch göttliche Werke sind, noch ein anderes Reich notwendig ist, in dem man eine andere Gerechtigkeit, Weisheit und Gewalt findet. Denn weltliche Gerechtigkeit hat mit diesem Leben ein Ende, aber die Gerechtigkeit Christi und der Seinen in seinem Reich bleibt ewiglich. *WA 31I,218 (1530)*

Schämen müssen sie sich und erschrecken immer mehr und mehr und zuschanden werden und umkommen. So werden sie erkennen, daß du mit deinem Namen heißest Herr alleine und der Höchste in aller Welt.

In der Angst werden sie dann den Namen Gottes anrufen, wie die tollen Jungfrauen und die Heuchler (Matthäus 25,11; 7,23). Aber da wird kein Erhören und Erbarmen sein, weil sie Gottes Wort verachtet haben, sondern nur lauter Schande, Scham, Schrecken und Umkommen, wie Sprüche 8,35f geschrieben steht: Wer mich findet, der findet das Leben . . . wer aber an mir sündigt, der verletzt seine Seele; alle, die mich hassen, lieben den Tod. Alsdann werden sie die Kraft des Wortes und die Herrlichkeit Gottes erkennen. Gott muß von allen Kreaturen erkannt und geehrt werden, es geschehe mit Gnaden oder mit Unwillen in der Verdammnis. So wird Gott auch vom Pharao, ja vom Teufel gepriesen. Darum nehmt Zucht an und gebt Gott die Ehre alle, die ihr etwa auf Erden groß angesehen seid. Es ist schrecklich, in die Hände des lebendigen Gottes zu fallen. Höret auf, wider ihn zu toben, und küsset seinen Sohn Jesus Christus, unsern Herrn, wie die Untertanen ihrem Herrn huldigen. Amen. *WA 31I,33 (1529)*

Wenn sie durchs dürre Tal ziehen, wird es ihnen zum Quellgrund.

»Sie gehen durchs Tränental und machen eine Quelle daraus« (lat. Übersetzung). Jene Kraft und Stärke und Hilfe, die Christus oder der Glaube an Christus ist, ist eine Quelle aller übrigen Tugenden, die daraus folgen. Denn der Glaube, der durch Gottes Gnade den Gottlosen geschenkt wird und durch den sie gerechtfertigt werden, ist Wesen, Grundlage, Quelle, Ursprung, Erstling aller geistlichen Gnaden, Gaben, Tugenden, Verdienste und Werke. »Denn einen andern Grund kann niemand legen« (1. Korinther 1,13). – Sie gehen durchs Tränental hindurch, das sind die rechten Fremdlinge, Gäste und Wanderer, für die die Welt keine Heimat, sondern eine Wüste, Ägypten, Gefangenschaft, Weg, Übergang und Gasthaus ist. *WA 3,649 (1513/16)*

Recht hören

PSALM 85,9

Ich will hören, was der Herr in mir redet.

Ich will hören. Denn die Barmherzigkeit und das Heil Gottes ist jetzt noch nicht zu sehen, sondern allein zu hören, und in diesem ersten Advent und im jetzigen Leben kann man sie allein durch Hören und Glauben empfangen. Es gehört zum Wesen des Wortes, daß es gehört wird. – Was der Herr »in mir« redet, das betrifft den Unterschied von Evangelium und Gesetz. Das Gesetz ist das Wort Mose an uns. Das Evangelium aber ist das Wort Gottes in uns. Jenes bleibt außerhalb und redet von Figuren und sichtbaren Schattenbildern von Künftigen. Dieses aber geht in uns ein und redet von innerlichen, geistlichen und wahrhaftigen Dingen. In uns reden und zu uns reden ist zweierlei. Was in uns redet, wirkt und packt uns, was zu uns redet keineswegs. So dringt denn das Wort des Glaubens in uns ein wie ein zweischneidiges Schwert und erzieht und heiligt den Geist. Das Wort des Gesetzes aber erzieht und heiligt allein unser Fleisch. *WA 4,9 (1513/16)*

Ich bin heilig

PSALM 86,2

Bewahre meine Seele, denn ich bin heilig.

Unsre Widersacher können die Vergebung der Sünden nicht verstehen, denn sie sind in ihrem Qualitätsdenken verstockt. Die Heilige Schrift aber nennt die Christen ein Volk des heiligen Gottes. Es ist eine Schande, daß man vergißt, daß wir Heilige sind; denn das heißt Christus und die Taufe vergessen. – Die in Wahrheit Sünder sind, die wollens nicht sein. Die aber in Wahrheit Heilige sind, die wollens auch nicht sein. Die einen glauben dem Evangelium nicht, welches sie tröstet, die andern dem Gesetz nicht, welches sie zurechtweist. Du sagst, die Sünden, die wir täglich begehen, beleidigen doch Gott, also sind wir keine Heiligen. Darauf antworte ich: Mutterliebe ist stärker als der Dreck und Grind am Kind, so auch ist Gottes Liebe zu uns stärker als unser Dreck. Darum nimmt, wie wohl wir Sünder sind, unser Dreck die Kindschaft nicht weg und fallen wir um der Sünde willen dennoch nicht aus der Gnade. Du wendest ein: Wir sündigen doch allezeit, wo aber Sünden sind, da ist der Heilige Geist nicht, also sind wir auch keine Heiligen, denn der Heilige Geist heiligt. Darauf antworte ich: Die Schrift spricht (Johannes 16,14): »Der heilige Geist wird mich verherrlichen.« Wo aber Christus ist, da ist auch der Heilige Geist. Die Sünden können Christus nicht von den Sündern wegreißen, die an ihn glauben. *WATR 1,189f (1533)*

Aus tiefer Hölle errettet — Psalm 86,13

Du hast meine Seele errettet aus der tiefen Hölle.

Ich lag noch mehr, als ich kürzlich geschrieben habe, über eine Woche lang in Tod und Hölle, so daß ich jetzt noch am ganzen Körper leide und an allen Gliedern zittre. Ich habe Christus fast ganz verloren und ward von Fluten und Sturmwinden der Verzweiflung und Gotteslästerung hin- und hergeworfen. Aber Gott hat die Bitten der Heiligen zu erhören begonnen, sich meiner erbarmt und meine Seele aus der tiefen Hölle errettet. Höre nicht auf, für mich zu beten, wie ich auch für dich nicht aufhöre. Ich glaube aber, daß dieser mein Kampf auch andere angeht. Man sagt uns, die Pest komme hierher. Es stimmt, aber wir hoffen, sie werde einen gelinden und milden Verlauf nehmen. Denn wir gehören doch Christus und sind die kleine und verachtete Herde, die vom Haß der Welt und ihren eigenen Fehlern genugsam angefochten ist, um von der Armut und andern Nöten zu schweigen.

Brief an Melanchthon (2. 8. 1527)
WAB 4,226

Ewig geborgen

PSALM 90,1

Herr Gott, du bist unsre Zuflucht für und für.

Gegen den Tod zu Gott beten, das heißt schon auf das Leben hoffen. Dies aber ist unmöglich ohne Glauben und Hoffen, denn wer am Leben verzweifelt, der betet nicht. Wo also von der Anwendung des ersten Gebots gehandelt wird, da ist Glaube und Hoffnung und Auferstehung der Toten mit eingeschlossen. Christus hat gelehrt, dies aus den Worten zu schließen und mit ihnen zu verbinden: »Ich bin der Gott Abrahams und der Gott Jakobs. Gott aber ist nicht ein Gott der Toten, sondern der Lebendigen« (Matthäus 22,32). Dies Argument fließt aus dem ersten Gebot. Die Gott verehren und hören, ihm glauben und zu ihm beten, die leben im Tode, auch wenn sie tot sind; denn an einen Gott der Toten kann man nicht glauben noch ihn hören oder zu ihm beten.
Man singt wohl: Mitten wir im Leben sind mit dem Tod umfangen. Das ist die Stimme des Gesetzes. Die Stimme des Evangeliums aber ist: Mitten in dem Tode wir im Leben stehen, weil wir nämlich Vergebung der Sünden haben.

WA 40III,493 (1534/35)

Der Engel deines Lebens PSALM 91,11

Er hat seinen Engeln befohlen über dir, daß sie dich behüten auf allen deinen Wegen.

Ein schöner Text! Wir meinen: Wenn ich nur in der Todesstunde einen Engel hätte, der meine Seele behütet und aufnimmt. Der Psalm aber spricht: Du sollst ihn nicht allein in der Todesstunde haben, sondern alle Tage deines Lebens und auf allen deinen Wegen. Und in diesem Leben ist die Hut der Engel ja auch viel nötiger als im Tode. Denn solange wir uns sicher und ungefährdet fühlen, kann uns der Teufel vielmehr zusetzen, als wenn wir angefochten und auf den Tod krank sind, denn da fährt die Seele aus, ehe noch der Teufel widerstehen kann, und steht unter der Engel Hut.
Es ist eine weitgehende Verheißung und Tröstung: Du wirst nicht allein in sicherem Schutz sein, sondern auf Löwen und Ottern gehen und alle Übel überwinden. *WA 31I,562 (1530/32)*

Gegen den sichtbaren Schein PSALM 92,6

Herr, wie sind deine Werke so groß. Deine Gedanken sind so sehr tief.

Mit Recht sagt der Psalm, seine Gedanken seien tief. Denn sie sind verborgen. Schon dann, wenn Gott unter der fleischlichen Ehre die geistliche Ehre gäbe, unter fleischlichem Reichtum den Reichtum des Geistes, unter fleischlicher Gnade und Größe geistliche Gnade und Größe, müßte man seine Gedanken tief nennen. Da er nun aber die geistliche Gnade unter dem Gegenteil gibt und also das Zeichen und das mit dem Zeichen Gemeinte völlig voneinander abweicht, sind seine Gedanken nicht nur tief, sondern sehr tief. Denn wie sollte jemand erkennen, daß diejenigen, die gedemütigt, angefochten, verworfen und getötet werden nach dem sichtbaren Schein, doch zugleich innerlich am allermeisten erhoben, getröstet, angenommen und lebendig gemacht werden, außer wenn er im Geist durch den Glauben darüber belehrt wird? Und wie sollte jemand denken, daß diejenigen, die dem sichtbaren Schein nach erhoben, geehrt, gestärkt und lebendig gemacht werden, dennoch innerlich elendiglich, verworfen, verachtet, geschwächt und getötet werden, außer, wenn es die Weisheit des Geistes ihn lehrt? – Wer darum nicht allezeit demütig und sich selbst verdächtig ist, wer nicht allezeit vor seinem eigenen Sinn, Urteil, Wunsch und Willen fürchtet, der wird dem Ärgernis nicht lange entgehen. Denn die Wahrheit, das Licht und die Güte wird ihm unter einem fremdartigen und gegenseitigen Schein begegnen. Dann aber wird er sie unglücklicherweise verdammen, gleichwie auch die Juden an Christus getan haben, weil sie seine verborgene Weisheit nicht erkannten. Darum heißt es Lukas 6,37: »Richtet nicht, auf daß ihr nicht gerichtet werdet.« Darum verwirf nicht allzuschnell, was du hörst und siehst. *WA 4,82–83 (1513/15)*

Nahende Gewitter

PSALM 93,4

Die Wasserwogen im Meer sind groß und brausen mächtig, der Herr aber ist noch größer in der Höhe.

Ich ahne schwere künftige Wirren, wenn Gott den Teufel nicht hindert. Ich habe seine arglistigen Gedanken an mein und vieler Leute Unglück erfahren. Aber was willst du? Vom Wort wahrer Frömmigkeit hat man noch niemals ohne Wirren, Lärmen und Gefahr handeln können. Es ist ein Wort unendlicher Majestät, tut große Dinge und ist wunderbar in der Höhe, wie der Prophet spricht (Vers 4) und »tötet die Fetten Israels und hält seine Erwählten auf« (Psalm 78,31, lat. Übersetzung). Man muß daher entweder in diesen Sachen auf Frieden und Ruhe verzichten oder das Wort verleugnen. Es ist der Krieg des Herrn, der nicht gekommen ist, den Frieden zu senden, sondern das Schwert. Darum hüte dich, zu hoffen, Christus werde auf Erden seine Sache mit Frieden und Freundlichkeit voranbringen, wo du doch siehst, wie er selber bis aufs Blut gekämpft hat und nach ihm alle Märtyrer desgleichen.

Brief an Spalatin (Februar 1520)
WAB 2,41

Ich sprach: Mein Fuß hat gestrauchelt, aber deine Gnade, Herr, hielt mich. Ich hatte viele Bekümmernisse in meinem Herzen, aber deine Tröstungen ergötzen meine Seele.

»Als ich dachte, mein Fuß ist gefallen, da labte mich, Herr, deine Güte.« Das ist auch ein Stück des Dankes, in dem er anzeigt, was für Gedanken er zur bösen Zeit hatte. – Ich fing an, zu verzweifeln und meinte nicht anders als, ich müßte untergehen und die Gottlosen würden ewiglich bestehen. Denn eine jede rechte Anfechtung ist von der Art, daß sie den Menschen zur Verzweiflung bringt und es nicht anders scheint, als daß er verloren und die Widersacher gewonnen haben. Da kommt dann die Güte Gottes und labt ihn, d.h. tröstet ihn durch die Heilige Schrift, daß es die Gottlosen doch nicht hinausführen und Gott die Seinen nicht verlassen werde.

»Als ich inwendig viel Bekümmernis hatte, ergötzten deine Tröstungen meine Seele.« Der Vers hat fast denselben Sinn wie der vorherige. Der vorige Vers meldet die Gedanken der Verzweiflung . . ., dieser Vers aber redet von den mancherlei Gedanken, die einer in solcher Verzweiflung hat, wie er davonkommen solle oder könne. Da denkt er hierhin und dahin und sucht alle Winkel und Löcher, findet aber keine. Da spricht er nun: Als ich in solcher Marter war und mich mit meinen Gedanken schlug, hier und da Trost suchte und doch nichts fand, da kamst du mit deinem Trost und ergötztest mich und hieltest dich mit Sprüchen und Exempeln der Heiligen Schrift freundlich zu meiner Seele, so daß ich wohl sagen kann: Selig ist der, den du züchtigst und lehrst durch dein Gesetz. *WADB 3,120 (1531)*

Wahre Selbstverleugnung

PSALM 96,1.2

Singet dem Herrn ein neues Lied, singet dem Herrn, alle Welt! Singet dem Herrn und lobet seinen Namen, prediget einen Tag nach dem andern sein Heil.

Bekenntnis ist das Licht unsres Geistes, in dem wir uns selbst erkennen, d.h. erkennen, was wir in uns selber sind und was Gott in uns ist, was wir aus uns selber haben und was wir aus Gott haben. Solche doppelte Erkenntnis ist auch das rechte Doppelbekenntnis, nämlich unseres Elends und der Barmherzigkeit Gottes, unserer Sünde und der Gnade Gottes, unserer Bosheit und der Güte Gottes. Hierin besteht die wirkliche Zierde unseres Verstandes, unserer Vernunft und spekulativen Kraft; denn so kann der Mensch Gott nicht verweigern, was Gottes ist, und nicht zuschreiben, was nicht sein ist.
Drum nennt mans mit Recht Bekenntnis, denn hierbei bekennt man und teilt man einem jeden das Seine zu. Die Schönheit aber ist der gute Wille und die ganze Zierde unserer praktischen Kraft und unsres Strebevermögens, womit man liebt, was Gottes ist, und haßt, was unser ist. – Solches alles aber geschieht nur vor Gott, denn nur da wird man dazu erleuchtet. *WA 4,110 (1513/15)*

Meine Augen sehen nach den Treuen im Lande, daß sie bei mir wohnen, und hab gerne fromme Diener.

Es ist Gott Lob! nun aller Welt wohl offenbar genug, wie die zwei Regimente sich unterscheiden. Denn auch die Wirklichkeit selber zeigt solche Unterschiede reichlich genug an, auch wenn kein Gebot oder Verbot von Christus darüber getan wäre. Denn wir sehen ja wohl, daß Gott die weltliche Herrschaft oder die Königreiche aufs allerherrlichste und mächtigste unter die Gottlosen streut, gleichwie er die liebe Sonne und den Regen auch den Gottlosen dienen läßt, obwohl er diesen kein Gotteswort noch Gottesdienst stiftet noch durch Propheten sie lehrt oder weiß, wie er zu Jerusalem in seinem Volk getan hat. Dennoch nennt er solch weltlich Regiment der Gottlosen seine Ordnung und Schöpfung und läßt sie dieselbe mißbrauchen, so übel sie können. – Daraus muß man ja mit Händen greifen, daß das weltlich Reich ein andres ist als das geistliche und ohne Gottes Reich sein eigenes Wesen haben kann. – Umgekehrt sehen wir auch, daß er sein geistlich Reich so genau und scharf von dem weltlichen scheidet, daß er die Seinen lauter Jammer, Elend und Armut leiden läßt auf Erden. Und so wenig er den gottlosen Königreichen von seinem Reich gibt, so wenig gibt er auch den Seinen vom Reich der Gottlosen. –
Solchen Unterschied dieser beiden Reiche muß ich immer neu einbläuen und einkäuen, eintreiben und einkeilen, obwohl so oft davon geschrieben und gesagt ist, daß es verdrießlich ist. Denn der leidige Teufel hört auch nicht auf, diese zwei Reiche ineinanderzukochen und zu brauen. Die weltlichen Herren wollen in Teufels Namen immer Christus lehren und meistern, wie er seine Kirche und sein geistlich Regiment führen soll. Ebenso wollen die falschen Pfaffen und Rottengeister in Gottes Namen immer lehren und meistern, wie man das weltliche Regiment ordnen soll. Es ist der Teufel auf beiden Seiten sehr fleißig und hat viel zu tun. Gott wolle ihm wehren, wenn wirs wert sind. Amen.

WA 51,238f (1535)

Recht beten

Herr, höre mein Gebet und laß mein Schreien zu dir kommen. Verbirg dein Antlitz nicht vor mir, in der Not neige deine Ohren zu mir; wenn ich dich anrufe, so erhöre mich bald.

Hier findest du, was ein rechtes Gebet sei. Denn dieser betet nicht nur im Geist, sondern auch mit Verstand. Wer nämlich im Geist betet, der betet noch nicht eigentlich, sondern macht nur Geschrei, denn das Beten ist gleichsam das Wesen (oder der Gehalt) des Geschreis. Im Geist beten heißt in geistlicher Sehnsucht und Leidenschaft schreien, auch wenn man die Worte nicht versteht, die der Betende spricht, wie die Nonnen und Ungelehrten den Psalter beten. Diese haben das Geschrei. Aber mit Verstand und Sinn beten, das heißt, den Sinn der Worte verstehen, die man liest oder spricht. Und dies bringt zum Geschrei und Sehnen das Wesentliche hinzu und formiert somit Geschrei und Sehnen, so wie Klugheit und Erkenntnis jeden Willensakt formieren.

WA 4,146f (1513/16)

Erkanntes Gericht

PSALM 106,3

Wohl denen, die das Gebot halten und tun immerdar recht.

»Dein Wille geschehe auf Erden wie im Himmel.«
Diese Bitte übt zwei Dinge, nämlich sie erniedrigt und erhöht, macht Sünder und fromm. Denn das Wort Gottes wirkt allezeit die zwei Stücke Gericht und Gerechtigkeit, wie geschrieben steht: »Selig sind, die allezeit das Gericht und die Gerechtigkeit üben« (Vers 3). Das Gericht ist nichts anderes, als daß ein Mensch sich selbst erkennt, richtet und verdammt. Das ist wahre Demut und Selbsterniedrigung. Die Gerechtigkeit ist nichts anderes, als wenn ein Mensch, der sich selbst so erkennt, Gnade und Hilfe von Gott erbittet und sucht, durch welche er dann vor Gott erhoben wird.

WA 2,99 (1519)

Die in den Abgrund fuhren, daß ihre Seele vor Angst verzagte . . . und wußten keinen Rat mehr.

Der Jakobskampf mit dem Engel war ein Kampf, in dem der Glaube mehr Mühe hatte als die Hände. Da mußte er immerfort wiederholen und darauf bestehen: Gott hat mich geheißen, mich berufen, mich gesandt, daß ich in mein Vaterland zurückkehren soll, darum glaube ich dir nicht und stimme dir nicht zu, – und wenn Gott mich tötet, so soll er mich töten, ich werde dennoch leben! Auf diese Weise und mit immer neuen Worten sind sie in diesen beiden Stunden miteinander umgegangen. Und es waren ohne Zweifel allerschärfste und heftigste Reden. Jakob wußte nicht, wer der andere wäre, und sein Verstand konnte ihm nichts sagen noch raten. Denn in solchem Kampf sind alle Sinne verwirrt und der Verstand ganz durcheinander, wie geschrieben steht: »Sie wußten keinen Rat mehr.« Jakob hat nicht gewußt, wie ihm geschehen war, nur daß sein Glaube hören muß: Die Verheißung geht nicht dich an, sondern deinen Bruder Esau, du bist nichts! Er lebt also ganz allein vom Wort und sein Glaube ist zugleich ganz schwach und sehr stark. Denn wenn der Docht glimmt, dann ist es am nächsten daran, daß er brennt. Er war in der allertiefsten Angst. Denn er wird später sprechen: »Meine Seele ist errettet worden«, als wollte er sagen: Sie ist in tiefster Angst gewesen. Aber nun folgt das Aufatmen. Denn Gott versucht nicht, um zu töten, sondern um aufzurichten, zu kräftigen und zu stärken.

WA 44,101 (1535/45)

Getroste Verzweiflung

Psalm 109,26.27

Steh mir bei, Herr, mein Gott, hilf mir nach deiner Gnade, daß sie innewerden, daß dies sei deine Hand, daß du, Herr, solches tust.

Mein lieber Bruder, lerne Christus und zwar den Gekreuzigten. Lerne ihm singen und aus dir selbst verzweifelnd zu ihm sagen: Herr Jesus, du bist meine Gerechtigkeit, ich aber bin deine Sünde. Du hast das Meine an dich genommen und mir das Deine gegeben. Du hast angenommen, was du zuvor nicht warst und mir gegeben, was ich zuvor nicht war. Hüte dich, daß du ja nie eine solche Reinheit erstrebst, daß du nicht mehr als Sünder vorkommen, ja Sünder sein willst. Denn Christus wohnt nur bei Sündern. Darum stieg er vom Himmel herab, wo er bei den Gerechten wohnte, um nun auch bei Sündern zu wohnen. Diese Liebe bedenke unaufhörlich, so wirst du den süßesten Trost daran haben. Denn wenn wir durch unsre Arbeiten und unsre Anfechtungen zur Ruhe des Gewissens kommen wollen, wozu ist dann Christus gestorben? Also wirst du nur in ihm, durch getroste Verzweiflung an dir und deinen Werken Frieden finden.

Dann lerne von ihm auch dies: Gleichwie er dich angenommen, deine Sünden zu den seinen und seine Gerechtigkeit zu deiner gemacht hat – wenn du dies festiglich glaubst, wie du sollst; denn verflucht, wer das nicht glaubt – so nimm auch du die unordentlichen und noch irrenden Brüder an, trage sie geduldig, mach ihre Sünden zu deinen und, wenn du etwas Gutes an dir hast, dann laß es ihr Gutes sein. So lehrt ja der Apostel. »Nehmt euch untereinander an, gleichwie euch Christus angenommen hat zu Gottes Lobe« (Römer 15,7) und »ein jeglicher sei gesinnt, wie Jesus Christus auch war, welcher, ob er wohl in göttlicher Gestalt war, sich selbst entäußerte« (Philipper 2,5f). So halte auch du es nicht für einen Raub, wenn du dir etwas besser vorkommst, als gehörte das dir allein, vielmehr entäußere dich selbst und vergiß, was du bist und sei gleichsam einer von jenen, auf daß du sie tragest.

Unglückselig die Gerechtigkeit, die andre nicht ertragen will, weil sie im Vergleich zu einem selber schlechter scheinen, die deswegen

an Flucht und Wüste denkt, wo sie doch vielmehr durch Geduld und Gebet und gutes Beispiel den andern nützen sollte. Das heißt, das Pfund des Herrn verbergen, statt den Mitknechten zu geben, was ihnen gebührt. Darum willst du eine Lilie und Rose Christi sein, so wisse, daß du unter Dornen leben mußt; aber siehe zu, daß du nicht durch Ungeduld, schnelles Urteil und heimlichen Hochmut selber ein Dorn wirst. Das Reich Christi ist mitten unter seinen Feinden, sagt der Psalm 110,2. Wie kannst du dann denken, es wäre mitten unter Freunden? Darum falle dem Herrn Jesu zu Füßen und flehe ihn an um das, was dir fehlt! Er wird dich alles lehren; sieh nur besonders auf das, was er für dich und alle getan hat, und lerne daraus, was auch du für andre tun mußt. Wenn er nur unter guten Leuten hätte leben und nur für seine Freunde hätte sterben wollen, für wen wäre er dann gestorben und mit wem hätte er dann gelebt? Darnach tue, mein Bruder, und bete für mich, und der Herr sei mit dir.
Leb wohl im Herrn.

Brief an den Ordensbruder Georg Spenlein (8. 4. 1516)
WAB 1,35f

Aber du, Herr, sei du mit mir um deines Namens willen; denn deine Gnade ist mein Trost; errette mich.

Ich habe noch nie gesehen, daß die Lehrer, die Ketzerei angefangen haben, bekehrt worden sind. Sie bleiben in ihrem Dünkel verstockt. – Hier aber kehrt sich der Beter zu Gott und bittet auch für seine Sache, daß sie gefördert werde und obliege. Denn beides muß sein, daß die Gottlosen endlich unterliegen und die Gerechten gewinnen. Er sagt aber, seine Sache sei nicht sein, sondern Gottes selber. Denn das macht ein verwegen und freudig Herz vor Gott, für sich gegen die Gottlosen zu bitten, wenn man gewiß ist, daß wir um Gottes Worts und Werks willen handeln und leiden, aber nicht uns selbst suchen. Darum spricht er: »Tu an mir um deines Namens willen«, d.h. du siehst ja, daß die Sache dich angeht; deinen Namen, dein Wort, deine Ehre preise ich, sie aber lästern das alles; läßt du mich, so verläßt du auch deinen Namen, aber das ist unmöglich! Was soll er aber an ihm tun? Die liebliche Güte, die freundliche Wohltat, daß er ihn errettet, wie folgt: »Und errette mich«, denn die Errettung ist denen, die in Not und Angst stecken, lieblich und süß, wie er spricht: »Denn ich bin elend und arm, mein Herz ängstet sich in mir« (Vers 22).

WA 19,610 (1526)

Die neue Geburt

PSALM 110,3

Nach deinem Sieg wird dir dein Volk williglich opfern in heiligem Schmuck, deine Kinder werden dir geboren wie der Tau aus der Morgenröte.

Das willige Volk wird geboren, ohne daß man es sieht, ohne Menschenhände, Menschenwerke und ohne das Gesetz Mose allein durch den Heiligen Geist, wie Johannes 3,3 geschrieben steht: »Es sei denn, daß jemand von neuem geboren werde, so kann er das Reich Gottes nicht sehen.« Dennoch wird es hernach sichtbar. Die Geburt der Frommen ist also wohl unsichtbar wie die des Taus, der ohne Menschenrat und Menschenwerk aus der Morgenröte geboren wird. Man sieht den Tau nicht, wenn er geboren wird, aber am Morgen sieht man ihn. So werden auch wir allein durch Gottes Hände unsichtbar gezeugt, dennoch tritt es hernach in Erscheinung, daß wir geborene Kinder Gottes sind.

WA 31I,532 (1532)

Er hat ein Gedächtnis gestiftet seiner Wunder, der gnädige und barmherzige Herr.

Wohlan, wenn du dich fürchtest, zum Sakrament zu gehen, und dein Gewissen dich erschreckt, als seist du unwürdig dazu, so fasse diesen Vers in dein Herz und deinen Mund, so wirst du ja hören und fühlen müssen, wie herzlich er dich ruft und lockt. Er ist da und wartet auf dich, hat Hände und Herz und alles aufgetan, daß du sollst Gnade und Barmherzigkeit nehmen und empfangen. Er will nicht, daß du vor ihm fliehen und dich scheuen, sondern daß du zu ihm fliehen und mit ganzer Zuversicht zu ihm gehen sollst. Er heißt an dieser Stelle nicht anders als »der gnädige und barmherzige Herr«. Gib du ihm keinen andern Namen in deinem Herzen, mache ihn auch nicht anders in deinem Gewissen; du tust ihm sonst Unrecht und das größte Leid und dir selbst den größten Schaden. Denn wenn du ihn anders nennst oder anders von ihm denkst in deinem Herzen, so machst du ihn zum Lügner und verdammst diesen Vers. *WA 31I,415 (1530)*

Fürbitte statt Rache

PSALM 112,8

Sein Herz ist getrost und fürchtet sich nicht, bis er seine Lust an seinen Feinden sieht.

Wenn wir Feinde haben, dann verlangen wir nach Rache. Wenn wirs doch Gott anheim stellten! Oh, er kann so wunderlich rächen, wie ichs niemals hätte wünschen können, wie auch in Psalm 91,8 geschrieben steht: »Du wirst mit deinen Augen deine Lust sehen und schauen, wie den Gottlosen vergolten wird.« So meine ich, Abel ist wahrhaftig an Kain gerächt. Denn Abel hat ein elendes Leben verloren und ein ewiges gewonnen. Kain aber wird vor aller Welt zuschanden, und die Welt wird ihm zu eng. Wenn Abel sich gerächt hätte, so wäre es nur eine menschliche Rache geworden. Gott aber rächt sich ganz anders: Er gibt Abel das ewige Leben und Kain den täglichen Tod. –
Wenn sie also heute gegen das Evangelium wüten, so wissen wir, wenn wir auf das sehen, was folgt, dennoch, daß sie uns keinen Schaden tun. Und wenn sie uns auch alles nehmen, so nehmen sie uns dennoch nur ein kleines Stück und werden dafür schließlich und endlich vor aller Welt zuschanden. Darum wollen wir für sie beten, daß sie der Rache Gottes nicht verfallen – wie rechte Christen tun.

WA 19,332f (1526)

Aus nichts alles! PSALM 113,7

Der den Geringen aufrichtet aus dem Staube und erhöht den Armen aus dem Schmutz.

Wenn Gott das Geringe ansieht, so ruht er dabei nicht, sondern er sieht es an, um es aufzurichten. Das ist ja das rechte Wesen des Schöpfers, aus nichts alles zu machen.
Darum richtet er nur den auf, der unaufgerichtet ist, also daliegt und verworfen ist. Obwohl wir nun aber in Wahrheit alle darniederliegen und gedrückt sind, so richtet er doch nicht alle auf und erhöht er nicht alle, sondern nur die, die auch erkennen, daß sie darniederliegen und gedrückt sind. Die aber von sich meinen, sie seien aufgerichtet und in gutem Stande, die werden auch vor Gott so angesehen, obwohl sie in Wahrheit ganz elendiglich darniederliegen. Darum heißt es Psalm 41,2: »Wohl dem, der sich versteht auf den Bedürftigen und Armen« (lat. Übersetzung). Denn ein solcher versteht sich auch auf sich selber, da er auch selbst arm und bedürftig ist. Diese neue Demutsregel hat Christus gebracht, zuvor war sie unbekannt. Darum heißt es auch hier (Vers 5): »Wer ist wie der Herr, unser Gott?« *WA 4,256 (1513/15)*

Der Tod der Heiligen — Psalm 116,15

Der Tod seiner Heiligen ist wertgehalten vor dem Herrn.

Kühe und Ochsen haben keinen Ort, dahin sie versammelt werden. Die Heiligen kennen diesen Ort in diesem Leben freilich auch nicht, wie wir auch viele andere Dinge nicht wissen. Ich habe z.B. oftmals versucht, den Augenblick zu beobachten, in dem ich entweder einschlafe oder aufwache. Aber ich habe ihn nie erhaschen können, immer hat mich der Schlaf wider alles Meinen und Denken überwältigt. So aber wird auch unser Tod und unsre Auferstehung sein. Wir fahren dahin und kommen am Jüngsten Tag wieder, eh wirs gewahr werden, und wissen nicht, wie lange wir fort gewesen sind. *WA 44,813 (1535/45)*

Seine Gnade und Wahrheit waltet über uns in Ewigkeit.

Dies Reich der Gnade soll nicht allein währen und bleiben hier auf Erden zu dieses Lebens Zeit, sondern auch ewiglich nach diesem Leben dort im Himmel, und dazu auch in dieser Zeit so fest sein, daß es nimmer wankt noch fällt. Denn wenn wir auch ungewiß sind und zuweilen durch Sünde und Irrtum straucheln und fallen, so fällt und wankt doch die Gnade nicht. Man braucht auch keine neue Gnade und kein andres Reich suchen, sondern der Himmel steht noch offen und dasselbe Gnadenreich wartet auf mich, daß ich wiederkomme. Es geht nicht so zu wie etliche lügen und trügen, daß Christus allein für die vorigen Sünden vor der Taufe genug getan habe, für die künftigen oder folgenden Sünden aber wir selbst genug tun müßten. Auch nicht so, wie St. Hieronymus gefährlich und übel sagt, daß die Buße das andre Brett sei, darauf man fahren müsse, wenn das Schiff der Unschuld nach der Taufe zerbrochen ist. Es ist nichts mit dem andern Brett, das Schiff zerbricht nicht, die Taufe hört nicht auf, das Gnadenreich fällt nicht, sondern es »währt ewiglich über uns«, wie der Psalm sagt. Fall ich aber aus dem Schiff, wohlan, so steig ich wieder hinein. Wende ich mich von der Taufe, wohlan, so kehre ich mich wieder zu ihr. Verirre ich mich vom Gnadenreich, wohlan, ich komme wieder hinein. Taufe, Schiff und Gnade bleiben ewiglich und fallen noch wanken nicht durch mein Fallen oder Wanken. Sonst müßte Gott selber auch fallen, der solche Gnade ewiglich zu halten verheißt.

WA 31 I,250 (1530)

Im weiten Raum

PSALM 118,5

Ich rief den Herrn an in der Angst, und der Herr erhörte mich und tröstete mich.

Merke aber hier die große Kunst und Klugheit des Glaubens! Er läuft in der Not nicht hin und her, klagt nicht alle Ohren voll, flucht den Feinden nicht und schilt sie nicht, murrt auch nicht wider Gott: Warum tut mir Gott das? Warum tut ers nicht andern, die böser sind als ich? Verzagt auch nicht an Gott, der ihm solches schickt, . . . sondern erhebt sich wider und über solches alles und kann Gottes väterliches Herz durch solch unfreundlichen Anblick sehen und die Sonne durch solch trübe, dicke, finstere Wolken und Wetter erkennen und wagt, den herzlich anzurufen, der ihn schlägt und sich sogar sauer gegen ihn stellt. Das ist Kunst und über alle Kunst und allein des Heiligen Geistes Werk und nur den Gottesfürchtigen und rechten Christen bekannt. –
Darum lerne hier, wer lernen kann, und werde ein jeder auch ein Falke, der sich in solcher Not in die Höhe schwingen kann und erstlich gewiß weiß und nicht zweifelt, daß ihm Gott solche Not nicht zum Verderben schickt, sondern um ihn zum Gebet, zum Rufen und zum Streit zu treiben, damit er seinen Glauben übt und Gott in einem andern Anblick als bisher erkennen lernt.

WA 31I,93ff (1530)

Das wahre Licht

PSALM 119,105

Dein Wort ist meines Fußes Leuchte und ein Licht auf meinem Wege.

Das ist ein wunderbarer Satz. Warum aber heißt es nicht: Meiner Augen Leuchte und ein Licht für mein Sehen? Können denn die Füße erleuchtet werden und die Wege sehen? Aber hier ist eben die Art des Glaubens in diesem Leben zum Ausdruck gebracht. Denn die Augen muß man gefangen nehmen unter den Gehorsam Christi und sich vom Wort allein führen lassen, das man nicht sieht, sondern nur mit den Ohren vernimmt. Denn wir glauben unsichtbare aber nicht unhörbare Dinge. Darum erleuchtet das Wort nicht die Augen, aber auch nicht die Ohren. Dennoch ist es eine Leuchte, weil es die Füße lenkt. – Nicht verstehen mußt du, sondern wollen, nicht wissen sondern tun, was gehört wird. Und du wirst nicht irren, wenn du glaubst und wandelst, auch wenn du nichts siehst. Folge du nur ruhig dem Gehörten, denn sein Wort wird deinen Füßen eine Leuchte und ein Licht auf deinen Wegen sein. Es ist nichts weiter nötig, als daß du tust, was du nicht weißt, schaffst, was du nicht verstehst, gehst, ohne zu wissen wohin, wie das Wort dich führt. –
Wenn du nun aber zu gehen oder zu tun anfängst, was du glaubst, dann erkennst du den Weg deutlicher, als deine Füße ihn erkennen, so daß du auf Grund des Handelns oder Tuns mehr Licht hast als allein aus dem Glaubensaffekt. – Darum sind die Glaubenspraktiker erleuchteter als die Glaubensspekulierer.

WA 4,356 (1513/15)

Zum Zeugnis gezwungen — Psalm 120,7

Ich halte Frieden, aber wenn ich rede, so fangen sie Krieg an.

Ich wollte gerne ewigen Frieden erlangen mit Papst, Kaiser, Bischöfen und Fürsten und sie reden lassen, aber darüber geht der Streit an, daß ich nicht schweigen kann. So sprach auch Petrus (Apostelgeschichte 4,20): »Wir könnens ja nicht lassen, daß wir nicht reden sollten, was wir gesehen und gehört haben.« Desgleichen spricht auch Christus: »Predigt das Evangelium aller Kreatur« (Markus 16,15) und: »Wer mich bekennt vor den Menschen, den will ich auch bekennen vor meinem himmlischen Vater« (Matthäus 10,32). Und nur ein Schalksknecht verbirgt sein Pfund im Schweißtuch (Lukas 19,20). Darum schweige ein andrer, ich aber nicht. – Es ist besser, Gottes Wort zu reden als ohne Gottes Wort himmlischen Frieden zu haben. Ich wollte nicht im Paradiese sein ohne das Wort. Wiederum aber, wenn ich auch in der Hölle wäre und nur Gottes Wort hätte, so wär mirs genug . . . Unser Trost ist: Wir sind nicht die Ursache des Unfriedens und der Ärgernisse. »Es müssen wohl Ärgernisse kommen« (Matthäus 18,7). – Aber selig, wer nicht die Ursache der Ärgernisse ist, sondern sprechen kann: »Weh mir, ich muß wohnen unter den Hütten Kedar« (Vers 5). Da ist ein ruhiges Gewissen. Da lebe ich mitten unter Ärgernissen, aber ich tröste mich, daß ich Frieden halte und zum Frieden rede. – Sie aber wollens nicht hören, sondern brennen lichterloh. Darum sollen wir Dank sagen, daß der Heilige Geist zu uns spricht: Du bist nicht schuld an solchem Ärgernis, sie fangen Krieg an, weil du redest. Wenn ich solch Zeugnis in meinem Geist habe, daß der Aufruhr des Weltkreises eine Folge des reinen Wortes ist, dann werfe ich die Schuld auf Christi Hals und spreche: Du bist die Ursache. So trägts der rechte Mann.

WA 40III,41.44.45 (1532/33)

Er wird deinen Fuß nicht gleiten lassen und der dich behütet, schläft nicht.

Der Fuß ist zum Gehen gegeben. Aber die Gott glauben, gleiten nicht nur, sondern kommen (oftmals) gänzlich zu Fall, wie jener sprach: Ich sehe, wenn man Gott dient, gehts einem übel. Da muß man Gottes Wort anwenden. Bedrängnis durch allerlei Anfechtung muß wohl sein. Was kann dagegen helfen? Da mache folgenden Unterschied und wende die Dialektik an: Da ist wohl Anfechtung, aber das ist nur ein Anfang. So spricht auch Paulus: »Unsere Trübsal ist zeitlich und leicht« (2. Korinther 4,17) währt also nur eine schmale, kurze Zeit und einen Augenblick. So sieht es der Herr, für ihn ist sie nur wie ein Punkt, du mußt sie nur beurteilen nach Gottes Wort und nicht nach deinem Sinn und Empfinden. Tust du's nach deinem Empfinden, so ist sie unendlich groß, denn die Vernunft macht aus dem kleinen mathematischen Punkt eine unendliche Linie. Denn sie spricht: Ich sehe kein Ende ab, wie und wo ich einmal Geld erwerben, Freude finden und aus so vielerlei Haß, Unglück und Drangsal erlöst werden soll. Der Herr aber spricht: Ich sehe es besser als du. Darum besteht die Hilfe darin, daß du über deine Anfechtung urteilst nach Gottes Wort und sprichst: Sie ist ein Punkt und Übergang. So heißt es ja auch von Athanasius, als Kaiser Julian ihn verfolgte und in die Kirche einbrach wie ein Ungewitter. Da waren schwarze Wolken, die ihn und alles zu verschlingen schienen. Er aber verachtete das Ungewitter und sprach: Es ist nur ein kleines Wölkchen und wird schnell vorüber sein . . . Die Drangsal ist wohl da, mache sie aber nicht größer, als sie ist. Du verlierst wohl Gut und Ehre, dann und wann auch Christus selber, das sind keine kleine Dinge, aber mache aus solchem Mittelpunkt nicht einen ganzen großen Kreis. Denn der ist größer, der da zu mir spricht: »Ich bin der Herr, dein Gott.« Der ist noch nicht umgekommen. – Darum soll man die Anfechtungen nicht nach ihnen selbst oder nach der Quantität beurteilen, sondern nach der Qualität! *WA 40III,60–63 (1532/33)*

Jerusalem ist gebaut, daß es eine Stadt sei, da man zusammenkommen soll.

Jerusalem ist eine Stadt, die gebaut wird, d.h. an der noch immer gebaut wird und die immer mehr wächst und zunimmt.
Denn wenn die Religion blüht und Gottes Wort bei uns regiert, so muß doch alles andre wohl gehen, selbst wenn Verfolgung herrscht. Denn wie Paulus spricht (2. Korinther 12,9): »Seine Kraft ist in den Schwachen mächtig«, und Christus ist ihre Kraft. Je mehr dem Wort widerstanden wird, desto mehr kommt es voran . . . Sie wollens niederreißen, aber Jerusalem wird gebaut. Sie wollens entwurzeln, ausreißen und ihm alles Übel antun und könnens doch nur begießen, zum Wachstum bringen und mehren. – Darum ist das Kreuz der Kirche ihr Ruhm. Je mehr wir angefochten werden, desto mehr werden wir aufgerichtet, je mehr der Satan wütet, desto mehr lachen wir. Denn Christus ist zu stolz dazu. Denn er ist der Herr, der die Verstörten erbauen, die Traurigen aufrichten und trösten kann, selbst im Tode. Das ist sein eigentliches Amt, denn er ist Gott und schafft darum alles aus nichts.

WA 40III,88–90 (1532/33)

Wie die Augen der Knechte auf die Hände ihrer Herren sehen,
wie die Augen der Magd auf die Hände ihrer Frau,
also sehen unsre Augen auf den Herrn, unsern Gott.

Laßt uns so tun wie diese Knechte und Mägde, wir wollen so lange auf ihn warten und sehen, bis er sich unser erbarmt. Damit bekennt der gute fromme Mann, daß Gott verzieht und daß er uns Zeit und Weise nicht nennt, auf die er uns helfen will. Er läßt Zeit und Weise undefiniert bleiben. Wenn das Ende kommt und die Zeit da ist, dann werden auch die Personen und alles vorhanden sein. Aber es geht nicht nach unserer, sondern nach göttlicher Definition. Wer in der Anfechtung ist, der stecke darum Gott kein Ziel. Er will sich von uns nicht definieren lassen. So ist hier ein Exempel der Geduld. In jeder Anfechtung muß man warten auf die helfende Hand Gottes, aber zweifeln soll man nicht an ihr. – Darum spricht er: Wir wollen warten, unsre Augen zum Himmel erheben und so bei unserm Gebet beständig beharren, daß wir einfach nicht ablassen, bis er uns erhört.

WA 40III,128 (1532/33)

Wo der Herr nicht bei uns wäre, wenn die Menschen sich wider uns setzen, so verschlängen sie uns lebendig.

Niemand kann meine Schafe aus meines Vaters Hand reißen, denn der Vater ist größer als alles (Johannes 10,29). Das ist unser Trost. Derweil soll man Sorge und Arbeit der Kirche und des weltlichen Regiments nicht verdammen und nicht denken: Ich will nicht mehr predigen und taufen, Gott wirds wohl machen! Und die Politiker sollen nicht denken: Wir wollen die Stadt nicht mehr befestigen, sondern sie offen lassen. Nein, man soll die Stadt befestigen, regieren und Gesetze machen. Dann aber sprich: Wenn der Herr nicht bei uns wäre, wäre es nichts. So lese, predige und taufe auch, dann aber sprich: Wenn der Herr nicht bei uns wäre, wäre es nichts. Der Herr selber will es, daß man das weltliche Wesen mit solchen Mitteln, mit Waffen und Gesetzen, erhalte, desgleichen, daß man die Kirche erhalte durch Taufe und Wort. Sind aber politisches Wesen und Gesetze zu schwach, so kann Gott auch helfen durch ein Wunder. Desgleichen ist ein Pfarrer zu schwach, so kann Gott auch die Rotten auf einmal schlagen. Derweil aber, solang Gott noch kein solch Zunehmen gibt, wollen wir bei den einfachen, natürlichen Wundern bleiben. Denn es ist schon sehr viel, daß Gott mit seiner unsichtbaren Gewalt alles erhält. Ohne dies bliebe weder Obrigkeit noch Kirche. *WA 40III,141f (1532/33)*

Der Gottlosen Zepter wird nicht bleiben über dem Häuflein der Gerechten, auf daß die Gerechten ihre Hand nicht ausstrecken zur Ungerechtigkeit.

Er will nur das eine von uns, daß wir das erste Gebot verstehen lernen, daß nämlich Gott ein solcher Gott ist, der aus Altem Neues, aus Traurigen fröhliche Leute, aus Armen und Geplagten reiche Leute macht und die Sterbenden auferweckt. Das letzte hätten wir alle gern, wir wären alle gern reich und hätten gern Glück, das erste aber wollen wir nicht. Gott aber machts umgekehrt. Er gibt uns wohl seine schöne Verheißung, aber da ist die Drohung, Gewalt und Rute der Gottlosen, die weh tut. Dennoch hofft, denn sie wird nicht immer währen, wenn nur ihr, mein Volk, nicht nachlaßt mit Anrufen, denn ich denke an euch und laß euch nicht verzweifeln. Das Schifflein Petri mag schlingern, untergehen wirds nicht! Die Sturmwinde können wohl über es herfallen und es anfechten bis an den Tod, aber sterben solls nicht. Und der Teufel mag uns verklagen, als wären wir die allerschlechtesten Menschen, wir werden dennoch die Gerechten sein. *WA 40III,170 (1532/33)*

Die mit Tränen säen, werden mit Freuden ernten.

Unsre Theologie ist eine Theologie des Kreuzes. Ein Christ muß leiden, und die Propheten haben die Leiden Christi und die Herrlichkeit hernach vorausgesagt (1. Petrus 1,11). Es gibt überhaupt keine Lebensweise ohne Kreuz. Willst du ernsthaft und recht leben, so sollst du sehen, daß der Teufel das Kreuz über dich bringt. Vor allem gilt das in der Kirche, wo es nicht nur um die Gerechtigkeit im politischen und häuslichen Leben geht, sondern um die ewige Gerechtigkeit. Wenn der Teufel schon so böse ist, daß er die politische Gerechtigkeit nicht ertragen kann, welche vergeht und verweht wie ein Federlein, wie feind wird er erst der Gerechtigkeit sein, durch die er selber verderben muß? Darum können die zu dieser Gerechtigkeit Berufenen nichts anderes erwarten, als daß sie den Teufel zum Widersacher kriegen, der sie in dieser Welt mit bitterstem Haß verfolgt. Darum ist das Leben der Christen nach dem äußeren Schein das allerelendeste, die Kirche ist mit Sünden und Unglück zugedeckt und die Christen sind der ärgerlichste Haufe unter den Menschen. – Hier heißt ein Christ ein Säemann, aber nicht mit Lachen, sondern mit Tränen. Dennoch wird das Lachen gepredigt. Ja freilich, aber das Lachen im Geist. – Das ganze menschliche Leben ist ein Säen mit Tränen, erst in der Ewigkeit ist Ruhe. Dennoch läßt Gott nicht zu, daß die Anfechtung immer währt. Denn die Rute allein tuts nicht, es muß auch Trost dabeisein, daß das Kind nicht verzweifle.

WA 40III,193f 197f (1532/33)

Wo der Herr nicht das Haus bauet, so arbeiten umsonst, die dran bauen.

Wenn wir im Selbstvertrauen wachen, muß eins von beiden gewißlich folgen, entweder Vermessenheit oder Sorge. Geht es gut und sicher, so vermessen wir um unsers Wachens; geht es übel und fehl, so sorgen und zagen und zweifeln wir. Gott aber will keins von beiden leiden, weder, daß wir sorgen, wenn wir unsicher sind, noch daß wir vermessen sind, wenn wir sicher sind. Vielmehr sollen wir in einem freien richtigen Glauben wachen und tun, was unsers Amts ist und ebensowenig sorgen, wenns übel geht, als vermessen sein, wenns wohl geht. Solches tut nun niemand als ein gläubig Herz. So spricht David wider die Sorge (Psalm 3,7): »Ich will mich nicht fürchten, wenn vieltausend sich um mich machen«; desgleichen (Psalm 27,1.3): »Der Herr schützt mich, vor wem soll ich mich fürchten?« – Umgekehrt spricht er wider die Vermessenheit in Psalm 44,7: »Ich will mich nicht verlassen auf meinen Bogen, und mein Schwert wird mir nicht helfen.« *WA 15,372 (1524)*

Siehe, also wird gesegnet der Mann, der den Herrn fürchtet.

In der Welt freilich heißt es: des Nachbars Acker trägt mehr und seine Kühe haben größere Euter. Da will der faule Ochse reiten und das Pferd pflügen. Man lobt nur die Vorteile des andern, die Zölibatäre loben die Ehe, die Eheleute die Zölibatäre. So tun die Gottesverächter, die nichts nach ihm fragen. Sie erkennen Gottes Willen und Gaben nicht, geschweige Gottes Segen und Wohlgefallen. Es liegt ein Nachdruck auf dem Wort »Segen«: denn eben dies elende angefochtene und von der Welt so gescholtene eheliche Leben nennt er gesegnet und voll Segen. Ein frommer Mensch versteht das, und für solche Frommen wird dieser Psalm gesungen. Eheleute sollen viel drum geben, zumal wenn sie noch schwach im Glauben sind, daß dies wahr ist, und könnten großen Trost daraus nehmen, daß ihre Lebensweise Gott gefällt. Es finden sich Ärger, Zorn, Unwille, Streit in der Familie, unter den Kindern und mit den Nachbarn, – so rein gehts ja nicht ab. Drinnen und draußen kommen allerlei Mängel und Übertretungen vor. Dennoch darfst du wissen, daß du im Segen Gottes stehst und ein von ihm gesegnetes Leben führst. Und je mehr du glaubst, desto mehr Segen hast du. Denn das Wort Gottes ist das Wort des Allmächtigen und Gewaltigen, der auch die größte Anfechtung überwinden kann.

WA 40III,298f (1533)

Ach, daß sie müssen sein wie das Gras auf den Dächern, das verdorret, ehe man es ausrauft.

Die christliche Weisheit besteht darin, daß sie die Gewalt und Verfolgung der Widersacher gering, den Herrn aber groß machen und sprechen kann: Groß ist die Macht vom Teufel, Tod, Sünde, Traurigkeit, Drangsal und Anfechtung, groß ist die Macht von Fürsten und Bischöfen, es ist wahr, aber man muß zweierlei Macht und Größe unterscheiden. Die Macht und Größe des Hasses und der Meinung, und die wirkliche und wahre Macht und Größe. In der Meinung ist die Macht der Sünde groß, aber wenn die Macht der Wahrheit damit verglichen wird, dann heißt es: Ich habe die Sünde überwunden, denn ich bin der Herr, dein Gott. Das ist die Macht der Wahrheit. Wenn man mit Gott vergleicht, dann ist der Teufel Wasserblase, Stroh, nichts und Gras auf dem Dach. Wenn man ihn ohne Gott ansieht, dann ist er etwas, dann ist auch ein Mensch gegen den andern größer oder kleiner, aber gegen die Größe Gottes sind sie alle Gras auf dem Dach. Das ist die christliche Weisheit.

WA 40III,328 (1532/34)

Meine Seele wartet auf den Herrn von einer Morgenwache bis zur andern.

Die Gottes warten, die bitten um Gnade, aber sie stellen es frei in Gottes guten Willen, wann, wie, wo und wodurch er ihnen hilft. An der Hilfe zweifeln sie nicht, sie geben ihr aber auch keinen Namen. Sie lassen Gott sie taufen und benennen, wenn es auch über die Maßen lange sich verziehen sollte. Wer aber der Hilfe einen Namen gibt, dem wird sie nicht zuteil, denn er wartet und leidet Gottes Rat, Willen und Verziehen nicht. – Und meine Seele hat gewartet, d.h. meine Seele ist ein wartendes und harrendes Ding geworden, als spräch er: Meiner Seele ganzes Wesen und Leben ist nichts anderes gewesen als ein bloßes Warten und Harren auf Gott. Meine Seele ist eine Harrerin geworden.

WA 1,209 (1517)

Erwählt

PSALM 131,1

Ich wandle nicht in großen Dingen, die mir zu hoch sind.

Jesus Sirach spricht: »Du sollst nicht forschen, was dir zu hoch ist, sondern was dir Gott geboten hat, dessen nimm dich an; denn es frommt dir nichts, daß du gaffst nach dem, das dir nicht befohlen ist«(3,22f).

Wenn euch nun solche Gedanken (des Zweifels an der Erwählung) einfallen, dann sollt ihr lernen zu fragen: Lieber, in welchem Gebot steht denn, daß ich daran denken oder davon handeln soll? Unter allen Geboten Gottes ist das höchste, daß wir seinen lieben Sohn, unsern Herrn Jesus Christus, uns vorbilden sollen. Der soll unsres Herzens täglicher und vornehmster Spiegel sein, darin wir sehen, wie lieb uns Gott hat und wie er als ein frommer Gott so hoch für uns gesorgt hat, daß er auch seinen lieben Sohn für uns gegeben hat. Hier, hier sage ich, lernt man die rechte Kunst von der Erwählung, und sonst nirgends. Da wird sichs finden, daß ihr an Christus glaubt. Glaubt ihr, so seid ihr berufen. Seid ihr berufen, so seid ihr auch erwählt. Diesen Spiegel und Thron der Gnade laßt euch nicht aus den Augen des Herzens reißen. Und wenn solche Gedanken (der Anfechtung) kommen und beißen euch wie die feurigen Schlangen, so sehet nur ja nicht den Gedanken und Schlangen zu, sondern kehrt eure Augen ab und schauet die eherne Schlange an, d.h. Christus, der für uns gegeben ist, – so wirds besser werden, so Gott will. Es muß aber, wie gesagt, gestritten sein und immer von den Gedanken gelassen sein. Fallen sie ein, so laß sie wieder ausfallen, gleichwie einer flugs ausspeit, wenn ihm Kot ins Maul fiele. So hat mir Gott geholfen.

Brief an Barbara Lisskirchen, geb. Weller (30. 4. 1531)
WAB 6,87

Die Frucht des Friedens

PSALM 133,3

Daselbst verheißt der Herr Segen und Leben immer und ewiglich.

Gott, der nicht lügt, spricht selber, daß brüderliche Liebe und Einigkeit der größte Schatz auf Erden ist, und er wolle Glück und Heil daselbst geben, wie er in Psalm 133 verheißt.
Denn so groß ist kein Gut noch Reichtum, daß er nicht endlich zerrinnen muß, wo die Brüder uneins sind, wie Christus auch selbst sagt, daß ein Königreich zugrund geht, wenn es unter sich selbst uneins ist (Matthäus 12,25). Wiederum ist kein Gütlein so gering, es muß, wo man einträchtig lebt, wachsen und gemehrt werden. Die Ursache von dem allen ist, daß Gott Segen, Glück und Heil verheißt, wo Brüder einig leben. Das tut und hält er auch. Wiederum gibt er auch lauter Fluch, Unglück und Verderben, wo man uneinig, hoffärtig und stolz untereinander lebt.

Brief an Dorothea Jörger (1. 1. 1533)
WAB 6,409

Im Blick Gottes PSALM 138,6

Der Herr ist hoch und siehet auf das Niedrige und kennet den Stolzen von ferne.

Wie Gott im Anfang aller Kreaturen die Welt aus nichts schuf, wovon er Schöpfer und allmächtig heißt, so bleibt er unverwandt bei solcher Art zu wirken und sind noch immer alle seine Werke bis ans Ende der Welt derart, daß er aus dem, was nichts, gering, verachtet, elend, tot ist, etwas Köstliches, Seliges, Ehrliches und Lebendiges macht. Wiederum alles, was etwas köstlich, ehrlich, selig, lebendig ist, macht er zunichte, gering, verachtet, elend und sterbend. Auf diese Weise kann keine Kreatur wirken, sie vermag nicht aus nichts etwas zu machen. So sehen seine Augen nur in die Tiefe, nicht in die Höhe. – Denn dieweil er der Allerhöchste und nichts über ihm ist, kann er nicht über sich sehen, kann auch nicht neben sich sehen, dieweil ihm niemand gleich ist, muß daher notwendig in sich und unter sich sehen. Und je tiefer jemand unter ihm ist, desto besser sieht er ihn. *WA 7,547 (1521)*

Du siehest alle meine Wege PSALM 139,2

Ich sitze oder stehe auf, so weißt du es; du verstehst meine Gedanken von ferne.

Du regierst mich, wie mirs gehen soll und gegangen ist. Du schaffst, wie mirs zuvor und hernach gehen soll. Er will sagen: Was ich getan habe, was ich tue oder mache, rede oder handle, das richtest du zu. Du machst doch, wie du willst. Es ist ein Psalm gegen den freien Willen. – Du hältst deine Hand über mir, d.h. du bist immer bei mir. Mich wundert, wie du das kannst. Es ist mir zu hoch. Es ist ein Psalm, der das Geheimnis der Schöpfung versteht. Ja, sollten wir unsres Herrgotts Gedanken erlangen, so müßten wir eine zu hohe Leiter haben. – So ist dieser Psalm für die Gottlosen gar schrecklich, für die Frommen aber voller Trost. Er verkündet Gottes Treue und Macht. Gott sei Lob! will er sagen, daß du allenthalben bist. *WADB 3,160 (1531)*

Herr, erhöre mich balde, mein Geist vergeht; verbirg dein Antlitz nicht vor mir, daß ich nicht gleich werde denen, die in die Grube fahren.

Das macht der Verzug göttlicher Gnade und Hilfe, daß die Seele sorgt, sie sei verlassen und verdammt, wo sie doch darum so gespannt wird, damit sie desto mehr und gründlicher Gnade begehre und desto vollkommener Gnade empfange. Wer inwendig betrübten Geistes und ohne Trost ist, aber in stetigem Verlangen nach Gottes Hilfe und Gnade, der ist ein christförmiger, wahrhaftiger Mensch. Und doch, wenn er solch Kreuz den andern auch sagen und sie lehren will, so verdient er sich damit nicht allein kein Mitleid und keine Nachfolge, sondern Undank und Haß und wird so auswendig und inwendig mit Christus gekreuzigt. Denn die Hoffärtigen stehen in ihrer Vermessenheit und sind gleich denen, die gen Himmel fahren; Höllenfurcht und Gnadendurst haben sie nicht. *WA 1,216 (1517)*

Leidiger Unglaube

Psalm 145,18.19

Der Herr ist nahe allen, die ihn anrufen, allen, die ihn mit Ernst anrufen. Er tut, was die Gottesfürchtigen begehren und hört ihr Schreien und hilft ihnen.

Hier hörst du, daß Gott geneigt und bereit ist, uns zu hören, zu helfen, zu tun und zu geben alles, was wir nach seinem Willen von ihm bitten und begehren. Daß uns aber solches nicht widerfährt, ist unsre Schuld, die wir unser Unglück, Jammer und Not, die sehr groß und mancherlei ist, nicht sehen noch fühlen und deshalb auch nicht in rechtem Glauben und Zuversicht zu ihm auf seine Zusage, die in Christus gewiß und wahr ist, schreien und rufen, noch seine Hilfe mit Ernst begehren. Das haben wir unserm alten Adam und dem leidigen Unglauben zu danken. Gott stärke uns den Glauben. Amen.

WA 48,85 (undatiert)

Der Herr hat Gefallen an denen, die ihn fürchten, die auf seine Güte hoffen.

Gott hat beides verboten, Vermessenheit und Verzweiflung, die zur Linken oder zur Rechten (vom rechten Weg) weichen. Zur Rechten soll man nicht vermessen sein, zur Linken nicht verzweifeln. Der königliche Weg ist: Der Sünder soll das Vertrauen auf die Barmherzigkeit nicht wegwerfen, der Gerechte aber soll nicht hochmütig sein. Der Herr hat Wohlgefallen an denen, die ihn fürchten, die auf seine Güte trauen. Er haßt die Stolzen und Vermessenen und liebt die, bei denen die Furcht etwas Hoffnung und Vermessenheit behält, aber dies nicht auf uns, sondern auf die Barmherzigkeit Gottes. *WA 44,334 (1535/45)*

Lobet den Herrn in seinem Heiligtum.

Merke, daß alle Dankpsalmen lauter Verheißungen für die betrübten, elenden Gewissen sind und soviel sagen wollen: Gott ist gnädig und will alle Sünde gerne vergeben und allen Trost geben, damit man sich alles Guten und alles Trostes zu ihm versehen soll. Darum ist ein offenbarer Dankpsalm zugleich ein Trostpsalm, ja auch ein Lehrpsalm und eine Weissagung, weil er mit seinem Exempel Gottes Gnade verkündigt und ihm trauen und glauben lehrt. Dazu helfe uns derselbe und barmherzige Gott, unser König und Herr Jesus Christus, mit dem Vater und dem Heiligen Geist gelobt in Ewigkeit.
Amen. *WA 38,68 (1533)*

R. BROCKHAUS TASCHENBÜCHER

284 **Gott steckt im Detail** v. P. Köhler
285* **Trotz allem war's am Ende gut** v. M. Thiele
286 **Glaube trotz KGB** v. H. Hartfeld
287 **Die Brücke über den San** v. E. Dembsen
288 **Das Schweigen Gottes** v. H. Thielicke
289 **Wie sage ich: »Ich liebe dich«?** v. J. J. Swihart
290 **Gib nicht auf, Wanja!** v. M. Grant
291 **Der Schmuggler Gottes** v. Br. Andrew
292 **Wir sind hier fremde Gäste** v. G. Tersteegen
293 **Wie sollt ich Gott nicht loben** v. M. Claudius
294 **Geheime Fracht** v. J. H. MacLehose
295 **Täglich mit ihm sprechen** v. C. Marshall
296 **Im Weingarten** v. A. de Moor
297 **Der neue Sound** v. A. Malessa
299 **Gebete der Christenheit** v. W. Nigg
300 **Das Herz aller Dinge** v. B. Giertz
301 **Die Geschichte von der Rippe und dem Apfel** v. I. Briscoe
302 **Ich gedenke der vorigen Zeiten** v. K. Heim
303* **Die Ziege in Großmutters Küche** v. A. Richardson
304 **Dein Typ ist gefragt** v. O. Hallesby
305 **Freu dich, das Beste kommt noch** v. C. ten Boom
306 **Mein Leben ist ein Wandern** v. L. Richter
307 **Unschuldig wie Gott sie schuf?** v. J. Illies
308 **Mit eigenen Augen** v. B. Giertz
309 **Das Schönste kommt noch** v. F. Rienecker
310 **Toleranz und Wahrheit, wie Hund und Katze** v. S. Kettling
311 **Von den letzten Dingen** v. K. Vollmer
312 **Mit Gott durch dick und dünn** v. C. ten Boom
313 **Achtung: Fehlschaltung!** v. M. Horie
314 **Tal der Liebe** v. E. Hong
315 **Kinder brauchen mehr als Liebe** v. J. Wilt
316 **Der Nachbar aus dem andern Land** v. H. D. Quandt
317 **Schreiben befreit** v. W. Jentsch
318 **Trödeleien** v. A. Richardson
319 **In einem Boot** v. Ahrens/Kaufmann/Ochel
320 **Bete und staune** v. K. Marshall
321 **Der geheilte Patient** v. P. Hebel
322 **Die zweite Frau** v. B. Schmidt-Eller
323 **Dein Wort ist meines Herzens Freude** v. M. Luther

* »Erntebücher« – Besonders klares Schriftbild